ALFRED REGENITER

Artigliere d'Assalto

IL DIARIO DI GUERRA DI UN UFFICIALE
DELLA STUG-BRIGADE 276 SUL FRONTE DELL'EST,
1944-1945

EDIZIONE ITALIANA A CURA DI ANDREA LOMBARDI

DR. ALFRED REGENITER, "KAMERADEN", 1940.

ISBN: 9788893272278   1a edizione marzo 2017
Titolo: **Artigliere d'assalto (ISE-006)** di Alfred Regeniter . Edito da Soldiershop Publishing
Cover and art design: Luca Stefano Cristini

Disegni nel testo di Alfred Regeniter.
Fotografie © Dr. Alfred Regeniter e veterani della *StuG-Brigade 276*.

Alfred Regeniter nasce il 13 gennaio 1922 a Radevormland, in Renania. Il padre, un insegnante emigrato in Argentina, nel 1914 riuscì a rientrare in Germania, nonostante il blocco navale inglese, arruolandosi nell'esercito tedesco e combattendo nella Fanteria di Marina, sulle Somme e a Verdun. Dopo gli studi, nel marzo 1940 Alfred Regeniter fu richiamato di leva e inviato all'*Artillerie-Ersatz-Abteilung*[1] *206* a Braunsberg, in Prussia orientale; addestrato quale artigliere specialista osservazione e rilevamento vampa, combattè nella Campagna di Francia in seno al *IV (schwere) Abteilung*[2] del Reggimento d'artiglieria della *255. Infanterie-Division*. Dopo la fine della Campagna, promosso *Gefreiter*, frequentò un corso Allievi Ufficiali e dopo un altro periodo di addestramento fu promosso *Unteroffizier*. Nel giugno 1941 Regeniter seguì la sua unità, inquadrata in seno all'*Heeresgruppe Mitte*, nell'Operazione *Barbarossa* come osservatore avanzato, da Slutsk a Bobryusk, alle battaglie di Smolensk e Vyazma, sino ai durissimi combattimenti invernali alle porte di Mosca, avvenuti con temperature da -40° a -56°. Dopo essere stato ferito in un'azione di fanteria, proteggendo il ripiegamento dei pesanti pezzi da 15 cm ippotrainati della sua unità, fu inviato in convalescenza. I suoi tentativi di farsi trasferire ad altri reparti che non fossero ippotrainati non ebbero successo, e fu inviato nuovamente alla *255. Infanterie-Division*, dopo un tortuoso e rischioso viaggio verso Leningrado, tra attacchi di partigiani e interruzioni ferroviarie... perché era stato per errore trasferito alla *"225". Infanterie-Division*! Risolto l'equivoco, Regeniter raggiunse la sua unità, e fu assegnato dal settembre 1942 come *VB*[3] al *IV (schwere) Abteilung* dell'*Artillerie-Regiment 255*, nel settore centrale del fronte. Durante il ripiegamento dal saliente di Vyazma (Operazione *Büffelbewegung*) nel marzo 1943, a Regeniter arrivò l'ordine di trasferimento alla Sturmartillerie, e inviato allo *Sturmgeschütz-Ersatz-und-Ausbildungs-Abteilung*[4] *400* a Debica, e quindi alla *Artillerieschule Grossborn* in Pomerania e alla *Sturmgeschützschule*[5] *Burg bei Magdeburg*, dove fu promosso *Oberfähnrich*. Nel marzo 1944, dopo essere stato promosso *Leutnant*, fu assegnato alla *Sturmgeschütz-Brigade 276*, dove servì nei combattimenti in Prussia occidentale e orientale descritti nel presente diario. Dopo essere stato gravemente ferito in azione il 10 febbraio 1945 e ricoverato in vari ospedali, riuscì rocambolescamente a sfuggire alla prigionia. Nel dopoguerra intraprese con successo la carriera di medico ortopedico; le conseguenze della guerra lo raggiunsero purtroppo nuovamente nel 1988, quando la sua gamba ferita nel 1945 dovette essere amputata per un tumore maligno.

---

[1] Reparto rimpiazzi dell'artiglieria.
[2] Gruppo pesante di un Reggimento d'artiglieria (solitamente dotato di obici da 15 cm).
[3] *Vorgeschobener Beobachter*, Osservatore avanzato.
[4] Reparto addestramento e rimpiazzi dell'artiglieria d'assalto.
[5] Scuola d'istruzione dell'artiglieria d'assalto.

Il Leutnant *Afred Regeniter*.

IL DIARIO DEL LEUTNANT ALFRED REGENITER, STURMGESCHÜTZ-BRIGADE 276, 1944-1945

Qui inizia il resoconto del mio servizio con la *Sturmgeschütz-Brigade 276*, unità che era stata completamente annientata nella sacca di Brody e Tarnopol nel 1943-1944, dove perse tutto il materiale pur salvando il 90% dei suoi uomini.

8 MAGGIO 1944-1° AGOSTO 1944

La ricostituzione della *Sturmgeschütz-Brigade 276* "fino all'ultima vite e bullone" ebbe luogo a Deutsch-Eylau, in Prussia occidentale. Arrivai alla Brigata come un *Leutnant* novellino dall'*Artillerieschule Grossborn* in Pomerania (e prima da Jüterbog) e dalla *Sturmgeschützschule Burg bei Magdeburg*. Fui congedato con altri duecento *Leutnant* dal comandante, l'*Oberst* Hoffmann-Schönborn, con una forte stretta di mano. A diciotto anni, avevo già preso parte alla Campagna di Francia del 1940 e la Campagna di Russia nel 1941-1943 come Sottufficiale e *VB* nello *schwere Abteilung* dell'*Artillerie-Regiment 255*. Ero un volontario, come la maggior parte degli uomini dell'artiglieria d'assalto. Del mio *Artillerie-Abteilung* solo in sei conoscevano l'impiego della nuova arma. Il mio vecchio camerata e amico, August Wilhelm Vogel, *Gefreiter* con me in Francia, e ora *Leutnant* e Aiutante di Gruppo, mi diede una mano nell'addestramento (lo rincontrai nell'autunno 1944 in Prussia orientale quale *Hauptmann* e Aiutante Reggimentale nell'*Artillerie-Regiment 1549* della *549. Volksgrenadier-Division* e nel 1975 quale Generale di Brigata e primo Attaché Militare tedesco a Mosca!). Il cameratismo spesso dura una vita intera.
A Deutsch-Eylau non vedemmo gran che degli eventi al fronte. A Sommerau celebrammo una festa di Batteria vera e propria con la popolazione. Andai in licenza per sposarmi a Solingen e passai una luna di miele perfetta nella località balneare di Zoppot. Al Circolo Ufficiali a Deutsch-Eylau il nostro Aiutante, l'*Ober-leutnant* Semke mi si parò davanti consegnandomi un foglio di marcia per la Compagnia Studenti a Bonn, dove mi ero iscritto due anni prima per i miei studi medici. Senza un ripensamento gli dissi di gettare nella spazzatura quelle carte; sarei restato con la truppa. Perché qui ero tra la gente giusta! Non era questo il tempo di studiare! Oggi penso di aver fatto allora la cosa giusta, perché altrimenti sarei molto probabilmente o stato mandato al macello sull'Eifel nel 1945 con una Compagnia Studenti o avrei tirato le cuoia in uno dei campi della fame americani[6] presso Remagen o Bad Kreuznach! A volte si è artefici del proprio destino.
Mi resi conto di come l'usare le radio fosse possibile solo senza l'elmetto d'acciaio, poiché le ampie falde spioventi dell'elmetto rendevano impossibile l'utiliz-

---

[6] I campi di prigionia dell'*US Army* dove furono internati i militari tedeschi catturati: internati quali *Disarmed Enemy Forces* ("Forze nemiche disarmate") in modo da negargli "legalmente" i diritti previsti dalle convenzioni internazionali quali *Prisoners of War* ("Prigionieri di guerra"), furono poi soggetti per mesi a un regime di detenzione punitivo, con scarse razioni e spesso costretti a bivaccare all'addiaccio, senza alcun riparo, circostanze che portarono secondo alcuni autori alla morte per fame e malattie di più di 800.000 soldati tedeschi, cfr. il controverso libro di James Bacque *Other losses*, Toronto 1989.

zare le cuffie. Il Capopezzo era particolarmente vulnerabile senza un elmetto quando faceva sporgere la sua testa dalla sovrastruttura. Ciò mi apparve evidente durante le esercitazioni di Batteria a Deutsch-Eylau, e così suggerii al comandante di rimediare degli elmetti da *Fallschirmjäger*, senza falde spioventi. Ma da chi ottenerli, però? Solo da Berlino! Mi fu così data la missione di recarmi là con cinque uomini. Arrivato al *Luftwaffenzeugamt*[7] a Berlino-Tempelhof girai tutte le autorità, dal *Generalluftzeugmeister* al *Generalintendanten*[8], e mi ci vollero tutti i miei poteri di persuasione e di convincimento per "prelevare" cento elmetti da paracadutista, perché ovviamente questi erano il privilegio, nonché l'orgoglio e la gioia, della *Luftwaffe*!

Finalmente riuscimmo ad andare dai *Fallschirmjäger* a Brandenburg con ordini "dalle più alte autorità", dove ricevemmo cento elmetti di taglia 52-62 dai magazzini vestiario. Riempimmo i sei sacchi che ci eravamo portati dietro e via, con i sacchi sulle nostre spalle. La *Sturmgeschütz-Brigade 276* fu la sola unità dell'Esercito con elmetti da *Fallschirmjäger*!

Gli "anziani" della 3ª Batteria prima cercarono di rifilarmi uno *Sturmhaubitze*[9] con l'obice da 10.5 cm che era "buono anche come controcarro". Ma notai presto come fosse lento caricare proiettile e cartoccio separatamente, così lo cambiai alla prima occasione con un 7.5 cm che si era reso disponibile! Le esperienze di battaglia seguenti sono ricostruite seguendo il preciso diario degli avvenimenti che conservai. Sono l'unica memoria scritta disponibile sulla *Sturmgeschütz-Brigade 276*.

4 AGOSTO 1944

Ore 04.00. Conducemmo un contrattacco a nord-est di Zvirgzdaiciai (in territorio lituano). Sino alle ore 07.00 facemmo una buona progressione, tenendoci nei campi di mais avanzando da una fattoria circondata da alberi ad un'altra. Però, prima di aver raggiunto la vecchia Linea Principale di Combattimento, iniziò un pesante fuoco di cannoni controcarro e *Ratschbumm*[10]. A 300 metri di fronte a me, al limitare di una fattoria, scorsi un cannone controcarro russo, giusto mentre i serventi lo stavano caricando. Un proiettile ad alto esplosivo li spazzò via. Quindi, vidi diversi russi a un chilometro di distanza osservarci con dei binocoli da una collina. E, chiaramente, una granata di mortaio da 82 mm cadde presto a 50 metri dal nostro mezzo, seguita da una seconda 50 metri dietro. "Mi stanno inquadrando", pensai, e mi abbassai dentro il mezzo. Diedi l'ordine di muoversi, quando la terza granata arrivò con uno schianto assordante proprio accanto alla sovrastruttura! Gridammo tutti di terrore e paura, la "gonna" laterale[11] cadde, spezzata, la piastra di corazzatura supe-

---

[7] Ufficio materiali della *Luftwaffe*.

[8] Quartiermastro e Intendente Generale della *Luftwaffe*.

[9] L'*Sd.Kfz. 142/2 Sturmhaubitze 42*, armato di un obice *10.5 cm StuH 42 L/28 (L/30)*.

[10] Soprannome dato al cannone campale russo da 76.2 mm, suggerito dal breve intervallo tra il rumore dello sparo e della detonazione del colpo dovuto all'alta velocità iniziale del colpo.

[11] Gli *Schürzen*, gonne protettive laterali metalliche, spesse 4-6 mm, concepite per far esplodere prematuramente i proiettili a carica cava nemici e deflettere i proiettili perforanti di minor calibro, diminuendone l'efficacia.

riore spessa 15 mm fu strappata e ammaccata, ma nessuno rimase ferito. Se avessi guardato fuori, o la granata caduta nella sovrastruttura, io – almeno – sarei morto. Ce ne andammo rapidamente. Accanto al cannone controcarro ditrutto giacevano tre russi, le buche individuali a prova di carro, scavate a forma di vaso da fiori, erano vuoti. Poco dopo, fummo testimoni degli effetti di una granata da mortaio russo che aveva dilaniato le gambe dell'*Hauptmann* della fanteria Merten – probabilmente lo stesso mortaio che ci aveva inquadrati. Bendammo i monconi. Posso sentire ancora oggi nella mia mente la cadenza prussiano-orientale della sua voce: "Per favore, *Leutnant*, riportatemi indietro, ho una moglie e due figli". Lo caricammo sul nostro mezzo. Il giorno dopo, fui informato della sua morte.

5 AGOSTO 1944

I nostri contrattacchi sono giornalieri, oggi con *Panzer V Panther* e *SPW*[12]. Ero sempre felice di non dover sedere dentro quei carri armati così alti rispetto al suolo, perché avrebbero offerto un bersaglio ben migliore dei nostri bassi cannoni d'assalto senza torretta[13].

6 AGOSTO 1944

La Brigata ha distrutto oggi cinque carri nemici.

7 AGOSTO 1944

Iniziammo un nuovo attacco da Zvirgzdaiciai verso est. In un boschetto 200 metri di fronte a noi vidi muoversi parecchia fanteria russa, e non individuai alcun cannone controcarro. Diedi così l'ordine: "Sparare con proiettili con detonazione sopra il suolo", "*Sprenggranate*[14] con spoletta ritardata" e "Mirare allo spazio aperto cinquanta metri di fronte agli alberi!". Il porgitore spolettò le granate con un ritardo di 0.015 secondi, e subito dieci proiettili lasciarono la canna in rapida successione. L'effetto dello shrapnel dei colpi da 10.5 cm detonanti tra le cime degli alberi fu veramente terribile. Ci dirigemmo quindi a tutta velocità verso i russi; cinquanta uomini emersero con la mani in alto; ci sembravano altissimi, con i loro lunghi cappotti color terra. Ciò nonostante rimanemmo guardinghi. C'erano morti dappertutto tra gli alberi, alcuni erano stati colpiti nelle loro profonde e strette buche individuali da schegge penetrate attraverso l'elmetto. Accanto a essi vi era della *kasha*[15] ancora intatta; dovevano essere stati presi completamente di sorpresa (sono sempre rimasto disgustato dal rancio del soldato russo; le nostre cucine da campo dell'Esercito ci davano più scelta!). Dirigemmo i prigionieri verso le retrovie e continuammo l'avanzata. Vidi quindi l'*Oberwachtmeister* Kampmann sparare a un

---

[12] *Schützenpanzerwagen*, trasporto truppe semicingolati.
[13] Un carro medio *Panzerkampfagen V Panther Ausf. G* era infatti alto 2.98 metri, contro i soli 2.16 metri di uno *Sturmgeschütz III Ausf. G*.
[14] Granata ad alto esplosivo.
[15] Zuppa tipica russa di orzo e carne.

grosso russo in fuga con il suo 7.5 cm da una distanza di 60-70 metri: colpito in pieno! Rimasero soltanto dei brandelli di stoffa, volteggianti a dieci metri d'altezza (una bella morte per un soldato!). Tutto ciò andò avanti dalle ore 08.00 alle 15.00 senza interruzione, e il giorno successivo. Nel mio diario sono annotati tutti questi eventi con l'esatta data e luogo, e con gli ordini di battaglia.

15 AGOSTO 1944

La situazione è diventata critica. I sovietici hanno iniziato un attacco in vasta scala da Versiai a Kudiros Naumiestis. Siamo subordinati al *Grenadier-Regiment 1097* della *549. Volksgrenadier-Division*. Durante una ricognizione in *VW Schwimmwagen*[16] vicino Totorcinai, il nostro comandante di Batteria, *Hauptmann* Stück, si è imbattuto nella fanteria russa nascosta nei fossati su ambo i lati della strada, e il suo conducente, l'*Obergefreiter* Naschenweg (l'avevo sempre chiamato scherzosamente "*Nasch-ein-wenig*[17]") è stato ucciso da una bomba a mano, bruciando nell'auto.

17 AGOSTO 1944

I russi sono a un chilometro a sud dal ponte da 70 tonnellate vicino Brämerhusen, che trovammo completamente indifeso. Feci presidiare il ponte dalla 2ª Batteria della *Sturmgeschütz-Brigade 277* con cinque *StuG* e 35 fanti e comunicai la situazione alla Divisione. Attaccammo quindi verso sud di Rockai con il *Kampfgruppe von Werthern*, al comando dell'*Hauptmann* Francois, e distruggemmo due carri armati russi. Il comandante della mia Batteria, *3./StuG-Brigade 276*, *Hauptmann* Stück, fu ferito in questa occasione. Il *Leutnant* Sehrt, come me comandante di Plotone nella 3ª Batteria, prese il comando della Batteria.

18 AGOSTO 1944

Presi parte a un importante conferenza sulla situazione: il *Generalmajor* von Krosigk, comandante della *1. Infanterie-Division* (della Prussia orientale) e l'*Oberst* Quentin (*Schützen-Regiment 4, 6. Panzer-Division*) ordinarono un attacco a sud del ponte da 70 tonnellate vicino Brämerhusen in direzione est, a qualunque costo! Le nostre linee dovevano essere tenute sino all'arrivo della *1. Infanterie-Division*, che poteva entrare in linea solo attraverso questo ponte. Il *General* von Krosigk era un organizzatore fantastico. Ci rifornì di tutto, dalle munizioni *Flak* da 2 cm, ai proiettili per i cannoni da 7.5 cm, alle munizioni per obice da 10.5 cm!

19 AGOSTO 1944

Tre dei nostri *StuG*, con il solo *Wachtmeister* Kampmann alla Quota 43 (Totorcinai), respinsero tutti gli attacchi nemici, con l'aiuto del *Bataillon Wohlgemuth*. Attacchi e contrattacchi giornalieri si alternano.

---

[16] Auto anfibia *Volkswagen*.
[17] "Tremola un pochetto".

21 AGOSTO 1944

Il nostro comandante di Gruppo, il *Major* Norbert Braun, è stato ucciso da un colpo di fucilone controcarro alla testa, che sporgeva dalla cupola del suo *StuG*. La Brigata lo ha seppellito con gli onori militari a Ebenrode.

15 AGOSTO – 11 OTTOBRE 1944

Regna la pace. Ivan ne ha avuto finalmente abbastanza e non ha raggiunto il suo obiettivo di conquistare la Prussia orientale nel corso della sua grande offensiva e-stiva. Lo abbiamo proprio sfiancato!

11 OTTOBRE 1944

Solo adesso dobbiamo bloccare un'altra ricognizione in forze dei sovietici a est di Rutkiskiai, qualche centinaio di metri a sud della ferrovia Virbalis-Vilkaviskis e a nord da qui, operando con il *Grenadier-Regiment 1099* (*Oberstleutnant* Karl-August Freiherr von Bülow). Le nostre posizioni, sfondate dai russi, erano battute da un incredibile fuoco di artiglieria e controcarro. Ci fecero entrare nel Comando del I Battaglione dell'*Hauptmann der Reserve* Horstmar Menke (comandante del *I./Gren.Rgt. 1099, 349. Volksgrenadier-Division*). Un Plotone si diresse sulla sinistra della ferrovia, il mio Plotone sulla destra. Riuscimmo a riconquistare la nostra linea difensiva assieme ai *Grenadiere* della 1ª Compagnia. Avevo appena raggiunto una bassa collinetta a venti metri oltre le trincee quando vidi le vampe di cannoni controcarro nemici a 1.200-1.500 metri, e fummo semplicemente tempestati di proiettili, che caddero fitti attorno a noi. Ingaggiare così tanti bersagli diversi sarebbe stato suicida. Ci ritirammo rapidamente sul contropendio. La vecchia Linea Principale di Combattimento era stata ripristinata! Al Comando di Battaglione dell'*Hauptmann* Menke c'erano *schnapps* e sigarette per tutti. Ivan si lasciò dietro 120 morti, 13 prigionieri, molte pistole mitragliatrici, una mitragliatrice leggera e tre fucili con mirino telescopico. I giovani prigionieri erano ostinati e infantilmente spudorati; dissero di essere al fronte solo da oggi, e di essere stati costretti ad avanzare dai loro Ufficiali. Tutti i nostri comandanti furono elogiati oltre ogni dire. Nella regione di Vilkaviskis si presumeva fossero schierate delle Divisioni d'assalto sovietiche! Ecco il perché della massiccia ricognizione in forze odierna.

12 OTTOBRE 1944

Alle ore 05.30, una nuova avanzata russa con 100 uomini è respinta. Dopo, ci fu un vigoroso bombardamento d'artiglieria russo perdurante tutto il giorno, anche con *Do-Gerät*[18] catturati.

---

[18] "Equipaggiamento Do[rnberger]", nomignolo dato ai lanciarazzi multipli tedeschi, dal cognome del Maggiore Generale Walter Dornberger, uno degli ideatori di queste armi.

È cominciata: un attacco in grande scala russo su ambo i lati della linea ferroviaria verso ovest. La nostra area d'assembramento, Gut Saugoniskiai, ha ricevuto dalle ore 09.00 alle 12.00 un fuoco d'artiglieria pesantissimo. Il bunker di un equipaggio accanto al nostro ha ricevuto un colpo in pieno, ma il tetto spesso un metro e mezzo ha tenuto. Un uomo è cascato giù per le scale del nostro bunker, contorcendosi carponi in terra – un caso grave di shock da bombardamento (ripensai ai racconti di mio padre di Verdun, nella guerra 1914-18). Due degli *StuG* interrati erano stati colpiti in pieno, e ne trainammo via altri due. I russi avevano sfondato su tutti e due i lati della ferrovia, nella linea di sutura tra la *1. Infanterie-Division* e la *549. Volksgrenadier-Division*. Dopo che il fuoco concentrico si spense, saltammo sugli *StuG*. Avanzammo di tre chilometri fino a Boblaukis in un contrattacco con la *Sturmgeschütz-Kompanie 1099*, incontrando solo della fanteria russa, mentre vedemmo 15 carri armati nemici e masse di fanteria russa dilagare a ovest a due o tre chilometri sulla nostra sinistra, furoi tiro e quindi senza possibilità di fargli danno. Sì, i russi sapevano esattamente dove erano schierati i nostri cannoni d'assalto – e li evitavano come la peste! Mentre stavamo oltrepassando la fattoria lituana davanti a noi, due camerati di uno *Sturmhaubitze* (il mio vecchio mezzo, n. 331) ci corsero incontro. Erano imprudentemente entrati con l'obice d'assalto nella tenuta senza fanteria di scorta, ed erano stati attaccati da fanti russi, che l'avevano immobilizzato. Mentre stavano smontando da mezzo, il mio ex pilota, il *Kanonier* Mescher, aveva avuto la testa strappata via da una bomba a mano. Guidammo immediatamente a sinistra e indietro per ripulire la zona. Il mio pilota, che era anche un compagno di corso di Mescher, tirò con la sua pistola mitragliatrice a otto-dieci russi che erano spuntati fuori. Si sdraiarono e misero le mani in alto esitando; magari altri erano nascosti aspettando che anche noi smontassimo dal mezzo[19]. Fu terribile vedere Mescher giacere decapitato accanto allo *Sturmhaubitze*. Più tardi fu deposto sullo *Sturmhaubitze*, che fu poi trainato via[20]. Avanzammo verso Boblaukis attraverso strade sterrate e campi di mais pieni di russi, distruggendo per la via qualche cannone controcarro e innumerevoli mitragliatrici! Fu però una vittoria di Pirro, perché in serata fummo costretti a lasciare la nostra ampia testa di ponte. La nuova Linea Principale di Combattimento correva lungo il limitare orientale di Virbalis, dove il ponte sul Sesupe era stato distrutto, costringendoci a trovare un guado.

---

[19] Ecco la testimonianza del pilota, *Obergefreiter* Heinz Fleischer: "Quando i russi ci videro, sparirono immediatamente nella casa e ci spararono da lì. Tirammo un colpo ad alto esplosivo contro l'edificio e ne vennero fuori sette russi con le mani alzate. Ma vidi davanti a me il mio compagno di corso con la sua testa mozzata, e questo fu troppo per me. Presi la mia *Maschinenpistole* e sparando attraverso la mia feritoia abbattei tutti e sette i russi".

[20] Dagli *Obergefreiter* Wenk e Wimmer, che ritornarono volontariamente sul posto a rischio della loro vita.

17 OTTOBRE 1944

Abbiamo eseguito un attacco senza fanteria a Sandau, a nord di Bilderweiten con cinque cacciacarri (*Hetzer*[21]) del *Panzerjäger-Abteilung 1131* (*Oberleutnant* von Schlaumberger) nel corso del quale furono distrutti 10 cannoni controcarro, un cacciacarri *SU-85*[22] e un *T-34*[23]. Avanzammo contro Stanaiciai e Bajorai con una unità *Waffen-SS*. Ci fu un pesante bombardamento aereo russo sul *Grenadier-Regiment 1099* vicino alla tenuta Zenthof, che provocò perdite considerevoli.

18 OTTOBRE 1944

Mentre stavamo presidiando l'area a nord-est di Sodargen fummo sottoposti a dei terribili attacchi di Organi di Stalin, e ci ritirammo tutti verso sud-ovest. Quindi ricevemmo l'ordine di avanzare via Sommerkrug sino a Wabbeln con una unità *Waffen-SS*. Durante l'avanzata un altro immenso attacco d'artiglierie e cacciabombardieri si rovesciò su di noi. A causa del fumo delle esplosioni e delle nubi di pietrame sollevate potevamo a malapena vedere lo *StuG* che avevamo accanto. Un obice da 15.2 cm si schiantò davanti al mio mezzo. Lo *Sturmgeschütz* vibrò tutto. A Wabbeln, davanti a una collina dalla quale i russi potevano osservarci così bene, un *Hauptmann* della fanteria ammise dalla sua buca individuale di essere felice della nostra presenza. Carri sovietici erano alle porte di Waddeln! Guidai prudentemente attraverso il villaggio e mi misi in agguato dietro la staccionata di un giardino e – ecco!, tre grosse sagome di carri armati all'orizzonte a 1.000 metri! Il mio cuore batteva di felicità – proprio come al tiro a segno! Ivan non si era accorto di niente! Avrei dovuto prenderli tutti con tre soli colpi! Ma oh! Nessuno dei proiettili colpì a 1.000, 800 o 1.400 metri. Come se fossimo stati maledetti! L'ultimo colpo che sparammo finì contro un melo a 50 metri davanti a noi! Cannone completamente disallineato! Doveva essere stato quel colpo da 15.2 cm! Poi fummo scoperti. Attorno a noi inziarono di nuovo a piovere colpi. Ci ritirammo dietro le case! C'era da mettersi a piangere. Tutti i portelli chiusi, ma nonostante questo il nostro giovane porgitore, Nickert, si beccò una scheggia di shrapnel in un braccio. Lo *StuG* del *Wachtmeister* Amberg fu colpito in pieno; Koscher, il suo pilota, rimase ucciso.

19 OTTOBRE 1944

Il Comando di Brigata è a Königseichen vicino a Trakehnen. Le stalle del famoso allevamento di stalloni di Trakehnen erano vuote. Riceviamo otto nuovi *StuG*.

---

[21] Il cacciacarri *Panzerjäger 38 (t)* armato di cannone *7.5 cm PaK 39 L/48*.
[22] Valido cacciacarri, pesante 29.2 ton. e armato del cannone *DT-5S* da 85 mm, corazzatura frontale e laterale 45 mm, velocità su strada 55 Km/h.
[23] In questo periodo della guerra il *T-34/76 M43* con pezzo *F-34* da 76.2 mm era affiancato da numeri sempre maggiori del *T-34/85* con il potente cannone *S-53* da 85 mm.

In serata abbiamo fatto un attacco con otto *StuG* da Kleinschellendorf (tre chilometri a sudest di Hainau sulla strada di Schlossberg verso Ebenrode) verso nord-est. Avanzammo con pochissimo slancio, arrivando ai giardini di fronte alle case, appena oltre la nostra linea iniziale. Nessuno si arrischiò a avanzare sul terreno aperto dietro il villaggio. Rimanemmo al coperto a ridosso delle abitazioni, perchè ogni volta che uno si mostrava riceveva all'istante un pesante fuoco da controcarro e carri armati. Dalla mia posizione diedi una buona legnata di alto esplosivo ai russi che si muovevano nella zona vicino al torrente sulla nostra sinistra. Quindi scorsi attraverso il mio binocolo a forbice uno *JS-122*[24], in posizione allo scoperto a circa 2.000 metri di distanza. Ognuna delle nostre *Panzergranate*[25] colpì esattamente il bersaglio, vedevamo il tracciante planare sempre più lento verso il bersaglio, sei volte – tutte rimbalzarono! Nessun stupore, aveva 160 mm di corazzatura sulla torretta! Per fortuna, riuscimmo a penetrarlo colpendolo nell'anello tra torretta e scafo, sennò avremmo potuto combatterlo efficacemente solo sotto i 400 metri. Quando cadde il tramonto alle 16.30, ci riunimmo nei campi aperti a est di Kleinschelledorf. Il mio comandante, l'*Oberleutnant* Stück, si fermò accanto a me e mi strigliò dalla sua soprastruttura sul perché non fossi avanzato: ma anche lui era rimasto fermo ai giardini presso le case! Ad ogni modo, sarebbe stato un attacco piuttosto azzardato, senza alcuna considerazione tattica, come accadeva talvolta. Mi giurai che io avrei agito diversamente! In breve, i rimproveri di Stück mi fecero andare su tutte le furie. Così, quando ordinò di attaccare il villaggio davanti a noi sulla sinistra, feci sterzare il mio *StuG* in quella direzione, e, nella mia furia, feci quasi finire il cingolo sinistro in un cratere di *Stuka*, che non avevamo scorto nel buio, e dirigendomi poi verso il vivo bagliore davanti a noi sul basso colle. Il ponte sul torrente, dove avevo ingaggiato la fanteria russa nel pomeriggio, era ancora intatto, grazie a Dio. Il mio porgitore e io urlammo un forte "Urrah!" che superò il rombo del nostro motore, tirando a destra e manca nei cespugli intorno alle trincee con le nostre *Maschinenpistole*, per tenere alla larga Ivan e le sue bombe a mano. Avevo ancora fresca in mente la visione della testa decapitata del mio pilota, il *Kanonier* Mescher. Guidammo alla cieca nell'oscurità, in terreno sconosciuto, salendo in collina seguendo un sentiero tra i campi. Ancora a 200 metri dal granaio in fiamme, vidi della fanteria russa muoversi di corsa da sinistra a destra tra le case. Davanti a noi, una calma poco rassicurante. Il granaio ardeva e crepitava. Cosa fare? Andare avanti in mezzo al bagliore? Non avrei mai fatto a un cannone controcarro o a un carro armato il favore di presentargli un bersaglio in movimento, stagliato controluce. Dal momento, però, che i russi correvano verso destra, le loro posizioni dovevano essere lì. Dunque girai verso sinistra lasciando il sentiero e girammo attorno

---

[24] Il carro pesante *IS-2*, pesante 46.1 ton., armato di cannone *DT-25 T* da 122 mm, corazzatura frontale 160 mm e laterale 110 mm, velocità su strada 37 Km/h. Un avversario formidabile, penalizzato però dal lento rateo di tiro (circa due proiettili al minuto) dovuto al dover caricare proietto e carica di lancio separatamente e ai soli 28 proiettili stivati nel carro.
[25] Granata perforante.

alla zona illuminata dalle fiamme, scrutando febbrilmente le tenebre nel prato davanti a noi. Eravamo di fronte al villaggio e alla luce, a circa cento metri. In quel momento, arrivarono sferragliando l'*Oberleutnant* Stück e gli altri *StuG*, schierandosi dietro di me. Tirai un razzo illuminante e vidi davanti a me un nostro *StuG*, distrutto e bruciato. "Così, attenti miei cari, questo è successo di recente! Stiamo sempre attenti a cosa può spuntare fuori dalle tenebre!". Tra due lunghi capanni, notai un viottolo con una massa scura in mezzo. Un mucchio di letame? Un mezzo, un camion o magari un carro armato? Ordine: "Distanza 100 metri, *Panzergranate*... lasciami mirare!" e spinsi la testa del puntatore, seduto davanti a me, di lato. "Vedi, ora, cosa intendevo?"... "Fuoco!" e un *T-34* venne distrutto!!!

Quindi il mio cuore impazzì dalla gioia, perché scorsi un colosso ancor più grande accanto al carro armato saltato in aria. "Ragazzi, un *Josif Stalin*!" dissi. "Stessa distanza, *Panzergranate*, fuoco!" e... il proiettile rimbalzò! La coda tracciante schizzò via, proiettata con forza dalla forza dell'urto in un'altra direzione. Questo accadde altre quattro volte. Merda! Tutti colpi in pieno e nessun effetto! Anche se pensavo che i sovietici non fossero a bordo del mezzo da tempo... ma non si sa mai!... Tremavo d'eccitazione quando premetti nuovamente il mio occhio sull'ottica di puntamento cercando di mirare a dove pensavo si trovasse la "cintura" con la punta del triangolo di mira... e "Fuoco!" – il tracciante trovò il carro – hurra! – e penetrò! Nessuna esplosione, però? Ma ecco – una sottile lingua di fuoco leccò la parte inferiore dello scafo, che vedevo ora chiaramente come una linea nera.

L'*Oberleutnant* Stück mi gridò da dietro: "Torniamo indietro! Che ci facciamo qui da soli nel buio senza fanteria di scorta?!?". Due minuti dopo, lo *Stalin* saltò in aria formando un gigantesco fungo e una fiammata alta un centinaio di metri. Una visione colossale! La mattina seguente, ne parlavano per tutto quel settore del fronte. Ritornammo indietro a tentoni grazie al nostro istinto, e navigando con mappa e bussola. Nell'attraversare una profonda trincea, ci urlammo reciprocamente degli avvertimenti, e elevammo i cannoni il più possibile, in modo che non si piantassero nel fango [vedi disegno sotto].

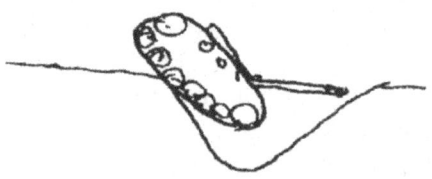

Da qui in poi, tutto andò bene. Tre chilometri più indietro, facemmo rapporto al comando di Reggimento, ci rifornimmo di carburante e munizioni e dormimmo nel gelido *Sturmgeschütz*.

Fummo svegliati dal nostro sonno di piombo dopo appena un'ora! Erano le 02.00. Di nuovo un attacco, stanotte! "Altro giro, altro regalo!". Questa volta con 120 uomini – un "Battaglione 1944"! I fanti si inerpicarono sui mezzi. Guidammo nell'oscurità, sopra di uno stretto ponte in pietra, nei campi e poi sulla sinistra, dove davanti a noi brillava in lontananza una fattoria in fiamme sulla sommità di una collina diagonale al nostro asse di avanzata – l'obiettivo dell'attacco!

Il mio *StuG* era in testa, avanzando lentamente a causa del buio, con dieci o dodici fanti attaccati al mezzo come scorta e protezione ravvicinata. D'un tratto mi resi conto che la fattoria davanti a noi doveva essere quella che avevamo passato ore fa sulla via del ritorno, e che avevamo riconosciuto come occupata dai russi perché al nostro richiamo – urlato con le nostre mani a mò di altoparlante – ci avevano risposto con colpi di fucile dai granai, e proiettili esplosivi erano fioccati intorno a noi. Ecco il quadro che avevamo davanti: erano visibili sulla collina le ombre di due lunghi capanni; tra di loro uno stretto viottolo, chiaramente illuminato dagli incendi in fondo a esso. Pensai che i russi potessero far sostare di notte i propri carri armati in posti come quello, e ebbi la sensazione che un carro armato si trovasse nell'oscurità. Esattamente come avevo fatto qualche ora prima nell'altra posizione, volevo tentare di giocare il mio trucco di nuovo. Così ordinai: "Alt! Distanza, 800 metri, *Panzergranate*, bersaglio… no, lasciami mirare!… Fuoco!…" e un *T-34* esplose con un forte boato e accecanti fuochi d'artificio! Cosa devono aver pensato i miei camerati negli altri *StuG*? Che potevo vedere nel buio? E i russi? Urlai agitato a Stück: "Il terzo stanotte!". Non so se mi abbia udito tra il rumore del motore e del fuoco di fucileria, non saprei. Avanzai verso sinistra davanti alla casa sulla collina, tirai un razzo illuminante che illuminò a giorno il terreno davanti a noi prima di sparire spegnendosi dietro una collina… là!… tre mostri proprio davanti a noi, tre carri russi! Eravamo a sessanta metri da loro. Allora, nessun comando fu necessario, il pezzo stava già tuonando e il primo, davanti e sulla sinistra, esplose! Altro illuminante! Beccato anche il secondo! E poi anche il terzo esplose!

Urlammo di gioia e sollievo, e diedi una manata sulla spalla così forte al mio puntatore, *Unteroffizier* Strohbach, che scricchiolò! Tre torce ardenti stavano di fronte a noi, bruciando e divampando mentre saltavano le loro munizioni. Un vero colpo per i russi. Dovevano aver pensato a qualche incantesimo, o a un nuovo equipaggiamento di visione notturna, si erano messi in posizione così bene quando ci avevano sentito arrivare. Si ritirarono e nella foschia del mattino occupammo il villaggio senza incontrare resistenza. La nostra fanteria si trincerò verso il nemico, noi schiacciammo tre cannoni controcarro da 37 mm e prendemmo in traino un *Ratschbumm*. Cinque carri armati in una notte – non male come inizio. Gli "anziani" videro così il loro nuovo *Leutnant* sotto un'altra luce!

23 OTTOBRE 1944

Alle ore 10.00 – dopo 3 o 4 ore di sonno, esausto – nuovo attacco con sette *StuG* su Kleinschellendorf, nel frattempo occupato dai russi. L'*Oberleutnant* Stück fu rilevato, e presi io il comando. Avevamo con noi un bel po' di fanteria, ma ci imbattemmo in un attacco russo di massa, proveniente da Kleinschellendorf dall'angolo sud-est dei boschi, sud-est di Hainau. I russi volevano entrare nel bosco, ma gli sconvolgemmo i piani, perché non si aspettavano un nostro attacco. Sulla sinistra dell'avvallamento, l'*Oberwachtmeister* Seelbach mise fuori combattimento due cannoni semoventi russi da 7.62 cm[26]; qualche Ivan corse via dai mezzi in fiamme. Sparammo con tutto quello che avevamo, e Ivan cedette. Alla sinistra, si diressero indietro verso Kleinschellendorf, ma quelli sul pianoro proprio davanti a noi si trincerarono, offrendo una tenace resistenza. A meno di 50 metri da noi, in una trincea appena scavata, c'erano tre russi dietro la loro *Maxim*, che continuavano a sparare al nostro *StuG* anche a questa breve distanza, duri e cocciuti. Prima che il nostro pezzo li lisciasse, il giovanissimo osservatore avanzato dell'artiglieria (*Artillerie-Regiment 1549*) cadde morto dal nostro *StuG*. Gli avevo appena parlato, e la sua morte mi trafisse il cuore. Era così felice e coraggioso. Più tardi, lo portammo con noi assieme alla sua radio portatile. Furioso fuoco difensivo dei russi. La nostra fanteria, circa 100 uomini, ritornò giù dalla collina, mentre noi rimanemmo sul posto, sotto un selvaggio fuoco di artiglieria e controcarro. Il *Leutnant* della fanteria rincorse il suo gregge di uomini ma senza esito: semplicemente, non sarebbero avanzati oltre. Non ci rimaneva altro che ritirarci alla nostra posizione iniziale, il limitare meridionale del bosco. A nord di "Bei Abbau", 10 o 12 carri armati sovietici avanzarono a destra di Kleinschellendorf, ingaggiandoci e causando qualche danno; la distanza di 1.800 metri era troppa per avere un tiro efficace, ma nonostante questo li fissammo. Quando gli altri *StuG* rientrarono dopo essersi riforniti di munizioni potemmo sganciarci. I carri russi vicino a "Bei Abbau" dovevano ancora avere il loro benservito! Avevamo ancora dei perforanti disponibili! Quindi avanzai

---

[26] Il cannone semovente *SU-76*, pesante 11.2 ton., armato di cannone *ZIS-3sh* da 76.2 mm, corazzatura frontale 35 mm e laterale 16 mm, velocità su strada 44 Km/h. Mezzo utile per l'appoggio alla fanteria, ma scarsamente corazzato.

con il mezzo dell'*Unteroffizier* Baskowitz sulla destra della lunga pista tra i boschi che portava a nord di Hainau, girammo verso est su di uno stretto sentiero e ci portammo in posizione sotto le basse fronde degli alberi al limitare del boscaglia, e vidi come i russi si fossero spinti sino al bosco con i loro carri armati. Con uno *StuG* dietro l'altro nello stretto sentiero, sparai a due carri russi modello *KV-85*[27] alla distanza di 1.400 metri. Due russi saltarono giù da uno di essi scomparendo dietro le case. Questa avanzata fu bloccata!

Mi apparve chiaro che i sovietici volessero infiltrarsi nei boschi e da lì alla vicina Hainau! Una volta che la loro fanteria si fosse infiltrata, Hainau sarebbe stata persa. L'importante strada di comunicazione da Schlossberg nel nord e Ebenrode a sud passava per Hainau. Improvvisamente ci spararono addosso! Crepitando tra le cime degli alberi, schegge ci sibilarono oltre, e rami caddero su di noi. Volevo indietreggiare in retromarcia, ma Banaskowitz era proprio dietro di me. Anche lui aveva tutti i portelli ermeticamente chiusi, e non avevamo contatto radio. Il mio porgitore dovette uscire fuori allo scoperto, e andare a dirglielo a voce. Andiamo bene! Brutta situazione, sotto tiro dal davanti, e senza possibilità di andare indietro! Grazie a Dio eravamo nascosti tra le ombre degli alberi. Alla fine Banaskowitz mise la retromarcia e anche noi ci mettemmo in salvo.

Al Comando di Brigata a Hainau, dove ci rifornimmo di carburante e munizioni, il nostro rapporto e valutazione della situazione furono immediatamente trasmessi alla Divisione. Mi fu dato un po' di *schnapps* e la Croce di Ferro di 1ª Classe dal Comandante della Brigata, l'*Hauptmann* Sewera. Il mio rapporto della situazione fu preso molto seriamente quando rimarcai l'importanza del pericolo sul limitare meridionale del bosco, poiché se i russi fossero riusciti a infiltrarsi anche solo una volta, sarebbero riusciti anche ad arrivare alla vicina Hainau.

Dopo aver mangiato, tornammo di nuovo al fronte. Il mio era l'unico *Sturmgeschütz* operativo della Brigata! Mi era chiaro che, senza gli *StuG* di rincalzo, la nostra fanteria aveva abbandonato la parte sud del bosco. Hainau era sotto un intenso bombardamento. Il mezzo di Gerlach stava presso l'incrocio principale con un cingolo colpito. Lo aiutammo a riparare il cingolo e a rimontarlo in mezzo alle bombe. Gerlach si diresse indietro all'officina riparazioni, e gli diedi il compito di farmi inviare dei rinforzi in direzione della parte sud del bosco, dove mi diressi avanzando cautamente. Non osai attraversare i boschi da solo. Per la via, incontrai cinque fanti in ritirata, che furono felici di seguirmi con la loro *MG*. Scrutando a sud, vidi che i russi si stavano già muovendo presso il margine meridionale della foresta di Hainau con controcarro e carri armati, a un chilometro e mezzo davanti a me. Allora, quell'area era già occupata dai russi! Guidai in una posizione di tiro e distrussi tre cannoni controcarro pesanti e immobilizzai un *T-34/85* davanti alla punta sudest del bosco. Così, adesso la mia priorità era: attenzione ai boschi sulla destra! Come protezione ravvicinata mandai due fanti sino al limitare del bosco con l'*MG*,

---

[27] Carro armato pesante derivato dal *KV-1S*, pesante 46 ton., armato di cannone *D-5T* da 85 mm, corazzatura frontale (scafo/torretta) 76/110 mm e laterale 60/110 mm, velocità su strada 40 Km/h. Prodotto in circa 140 esemplari dal 1943 come soluzione provvisoria di una nuova serie di carri pesanti, specifica che portò ai modelli *IS*.

tenendo gli altri tre con me vicino allo *StuG*. Uno dei soldati montò sul mezzo e urlò: "*Herr Leutnant*, rumore di carri armati davanti!". Spensi il motore e... silenzio. Poi lo udii anch'io, il tipico sferragliare del diesel di un carro russo davanti a noi, ma non potevo vederlo perché stava muovendosi nel letto del torrente di fronte, che girava poi sulla nostra sinistra. Dovrà spuntare laggiù dietro a noi! Rapidamente, mi spostai in una posizione di tiro accanto a una casa, sotto un albero di ciliegio. Ed eccolo, spuntare fuori – senza fanteria, grazie a Dio. "Fuoco!" – e si fermò di colpo bruciando! Un Ivan si spinse fuori dal portello della torretta, cadendo giù dall'altra parte. Il mio nono carro armato distrutto dalla serata precedente! Ci girammo indietro, ritornammo al limite del bosco a una certa distanza e a breve distanza da Hainau incontrammo i rinforzi: tre *Hetzer* che Gerlach mi aveva mandato come da ordini, assieme a 20 fanti. Sulla sinistra, oltre la vallata vicino a Seidlershöhe i russi irruppero in ordine sparso nei campi aperti. Il mio tiro rapido spezzò la punta del loro attacco, ma i commissari continuavano a mandare le loro greggi avanti. Allora gli *Hetzer* si resero conto di quello che stava accadendo e diedero a Ivan una bella scarica di legnate. Facemmo un vero bagno di sangue. Infine le masse si ritirarono. Due carri armati scomparvero veloci dietro i fienili. L'avanzata era stata fermata! Quindi diedi un'occhiata ai boschi dietro di noi! Attraverso il binocolo a forbice vidi qualche Ivan strisciare tra i cespugli, mettendo in posizione una mitragliatrice, e nessun altro li aveva visti! Ma non avevo più nemmeno un proiettile! Urlai agli altri indicando il bosco, per avvertirli del pericolo. Quindi guidai indietro verso le nostre linee. Erano le ore 15.30. Alle 16.30 i russi erano già in Hainau, che era in fiamme. Il nostro Comando di Brigata era a Strehlau, a ovest di Hainau. Dopo il rifornimento, alle ore 17.00, l'*Unteroffizier* Frech, l'*Unteroffizier* Banaskowitz e io presidiavamo la nuova linea principale di combattimento a ovest di Hainau: era già buio. I trinceramenti della fanteria andavano proprio attraverso i campi; il mio *StuG* scivolò con tutto il treno di rotolamento sinistro in una trincea, e mentre cercavamo di uscirne il cingolo sinistro si spezzò. Per le ore 24.00, alla luce dell'incendio di Hainau, che ardeva a 300 metri, avevamo riparato il cingolo e l'*Unteroffizier* Frech ci aveva trainato via. Davanti, rimanevano i tre mezzi che erano stati riparati in condizioni operative nel frattempo (numeri 331, 332 e il 152 di Bartsch). Presso i trinceramenti della fanteria ebbi un'altra esperienza particolare. Nell'oscurità udii, attraverso il rumore degli attrezzi di scavo e le grida, una vivace voce prussiano-orientale. Reagii: l'*Obergefreiter* Schalck! Nel 1942-1943 osservatore avanzato della *12./Artillerie-Regiment 255* dell'*Heeresguppe Mitte* a Zamytskoye/Bereski sull'Ugra/Vorya!!! Chiamai "Schalck!"... e una voce rispose: "Prrresente!!!"...ed ecco qui il mio vecchio amico Schalck! Ancora un telefonista, adesso nella *349. Volksgrenadier-Division*.

E ci fu infine dato il cambio! Dopo 72 ore di azione ininterrotta, al Comando di Brigata mi addormentai tre volte davanti a una ciotola di brodo di pollo, e il nostro Ufficiale Medico, il Dottor Cordes (di Colonia) mi dovette svegliare ogni volta per farmi continuare a mangiare. Dormii quindi per 14 ore fino a quando i miei camerati mi svegliarono.

24 OTTOBRE 1944

L'*Hauptmann* Sewera e l'*Oberleutnant* Stück designarono la nuova linea principale di combattimento a ovest di Hainau. Dovetti tornare indietro a causa di danni al mio cannone. Dopo di ciò, mi fu ordinato di fare un rapporto all'*Oberst* Kötz, il comandante della *349. Volksgrenadier-Division*. Si bevette un cognac con me e il suo *Ia*[28], l'*Oberleutnant* Reifen, mi offrì un "sigaro della pace". Fui raccomandato per la *Ehrenblattspange*[29] (come scoprii nel 1968, la proposta fu respinta).

25 OTTOBRE 1944

Il *Kampfgruppe* dell'*Oberst* Kötz è stato menzionato dal *Wehrmachtbericht*[30]!

26 OTTOBRE 1944

Mi stavo recando al Comando di Brigata alle ore 09.00 quando il Dottor Cordes e il *Leutnant* Schmitt (l'*Adjutant* del reparto) mi riferirono che il *Leutnant* Rudi Sehrt era morto all'alba. Non riuscii neanche a piangere, da quanto dolore provavo. Parlai al suo pilota. Erano finiti su di una mina davanti a Strehlau, e avevano dovuto evacuare il mezzo. Nel mentre, Rudi era stato colpito da una raffica di mitragliatrice. Un colpo dritto attraverso il cuore. La custodia della mia Croce di Ferro di 1ª Classe, che mi aveva chiesto poco prima, era stata bucata proprio in mezzo, come il suo Soldbuch e il suo portafoglio. Aveva messo tutto nella sua tasca pettorale sinistra. Povero Rudi, la sua premonizione si era avverata; mi aveva confidato che la sua fidanzata a Deutsch-Eylau era incinta del loro figlio, e mi aveva chiesto di informarla se fosse morto. Voleva sposarla il prima possibile. Che triste compito! Mi aveva appena dato il cambio, salendo sul mezzo. Mi chiesi: perché non me? I proiettili non fanno distinzioni. Ed ecco il nostro famoso portasigarette, dal quale mi aveva offerto una sigaretta con tanta esitazione. La mia felicità per i nove carri armati russi distrutti era completamente svanita. Il mio migliore camerata e amico nella Brigata non era più! Quanto mi mancò, caro Rudi! Suo padre era un parroco a Überau in Hessen. Tenni la custodia della Croce di Ferro di 1ª Classe come un triste ricordo. La sua tomba è a Insterburg.

17 NOVEMBRE 1944

Ci radunammo a Gut Burgkampen in un ex accampamento del *RAD*[31]. Il fronte era diventato quieto, e ci si era trincerati. I sovietici non erano riusciti a invadere la Prussia Orientale! E eravamo stati abbastanza coinvolti in tutto questo! Durante l'intera azione, la sospensione "brevettata" del binocolo a forbice nella sovrastruttura dello *StuG*, da me inventata, si era dimostrata così utile che tutti gli equipaggi

---

[28] Ufficiale addetto alle operazioni.
[29] Distintivo per la citazione nell'Albo d'Onore della *Heer*.
[30] Comunicato del Comando supremo della *Wehrmacht*.
[31] *Reichsarbeitsdienst*, il Servizio del lavoro del *Reich*.

se ne fecero costruire una dall'officina. Gli *StuG* erano stati consegnati con un corto braccio snodato nella sovrastruttura, fissato a ore 12, ma con il binocolo a forbice si poteva osservare solo tra le ore 12 e le ore 2; oltre quel settore l'osservazione non era possibile, perché poi avresti sbattuto con la testa contro la sovrastruttura. Costruii così un secondo braccio snodato con tenoni per il binocolo a forbice, fissato sulla cerniera del braccetto esistente, cosicchè era possibile la visione tutto attorno quasi completa. Quello che questo significasse, per la nostra stessa sicurezza e per l'osservazione del nemico, soprattutto quando in azioni senza fanteria di supporto in terreno sconosciuto e occupato dall'avversario, lo può apprezzare solo il comandante di un cannone d'assalto. I cosidetti blocchi di visione panoramici sulla sovrastruttura erano spesso coperti di polvere e sporco, e non avevano gli ingrandimenti del binocolo a forbice. In molti casi, inoltre, non era possibile il guardare fuori dalla sovrastruttura ai lati e sul retro con i binocoli, perché di gran lunga troppo pericoloso.

25 NOVEMBRE 1944

A nord di Schlossberg, dovevamo condurre un attacco contro una collina, dalla quale i russi potevano vedere in profondità nel nostro retrofronte. Questo dopo quattro settimane di "pace", durante le quali i russi si erano trincerati lì. Oggi, tra tutti i giorni possibili – prima dell'azione – ho ricevuto un telegramma: "Danno da bombardamento B" per Solingen, dai miei suoceri. Dovevo però aspettare per la licenza da bombardamento sino a dopo l'attacco. Che l'*Hauptmann* Sewera o l'*Oberst* Kötz (*349. Volksgrenadier-Division*) la concedessero, non potevo saperlo.

26 NOVEMBRE 1944

Dopo esserci riuniti a Adlerswalde, durante una ricognizione del terreno, chiesi se potevo avere una licenza di tre giorni. Sewera la concesse subito! Gli dissi però che prima avrei preso parte all'attacco dell'indomani. Sicuramente non si sarebbe aspettato altro da me. La sera, tra gli alberi, accanto allo *StuG*, l'*Obergefreiter* Tischler, il mio fidato pilota della Slesia Superiore, mi disse: "*Herr Leutnant*, a volte vorrei essere tocco come lei, prendere parte a un attacco invece che andarsene in licenza! Magari domani moriremo tutti!". Questa era la maniera di parlare tra noi camerati degli *StuG*, e pensavamo e agivamo così.

27 NOVEMBRE 1944

Ore 07.00. Partiamo dall'area d'assembramento con dieci mezzi, l'intera Batteria, sino alla linea d'inizio dell'assalto. La giornata iniziò con un pessimo auspicio: nel dirigersi verso la linea di partenza uno *StuG* finì in un cratere di bomba. Si fu in grado di tirarlo fuori ore dopo solo con i nostri due semicingolati recupero da 18 tonnellate. Uno *StuG* dovette poi essere dato al Comandante della Brigata, il cui mezzo si era guastato, e uno *StuG* ruppe la scatola del cambio mentre stava trainando un altro mezzo. Quattro *StuG* finirono su delle mine davanti alle trincee russe (tra di essi, il mio). Uno *StuG* fu distrutto e andò in fiamme. Due *StuG* (*Oberleutnant* Stück e *Unteroffizier* Richter) raggiunsero la cima della quota, ma non poterono tenerla da soli nel furioso fuoco difensivo. Chi aveva pensato alle mine in legno, seppellite a 20-30 metri di fronte alla trincea russa! Si poteva vedere qualcuna di quelle "scatole da sigaro" sul terreno, dove la pioggia le aveva scoperte. A 20 metri di fronte ai reticolati, ero bloccato con un cingolo spezzato. Lo *StuG* vicino a me oltre la trincea ricevette un colpo in pieno e incendiato. L'equipaggio riuscì a salvarsi. Io stavo con i miei uomini sotto il mio *StuG*, tra il terribile fuoco di artiglieria, controcarro e mortai, che era così vicino che il mio *Richtunteroffizier* Strohbach e il porgitore Nickert furono feriti, quest'ultimo con una ferita alla coscia. Il mio pilota *Obergefreiter* Tischler se la cavò come me. Fu un bene che il nostro "cassone" non ricevette un colpo diretto, esplodendo con noi sotto. Al tramonto, il bombardamento diminuì. Il nostro ferito, secondo la procedura, attendeva il recupero dei mezzi; il *Wachtmeister* Pahlke ci trainò nell'oscurità. Nel mentre, finimmo nella zona battuta di un'Organo di Stalin.

L'attacco alla posizione fortificata russa con tutte le forze disponibili (l'intera Brigata!) mostrò che non potevamo più raggiungere ogni obiettivo! Quindi andai in licenza di tre giorni. Dopo tutto questo, non riuscivo a credere di poter ancora rivedere casa mia.

13 DICEMBRE 1944

Di ritorno alla mia unità dopo un avventuroso viaggio in treno. La *3. Batterie* era accasermata a Tannsee. Stück era diventato un *Hauptmann* e aveva ricevuto l'"uovo all'occhio di bue"[32]. Al 5% degli uomini era stata data la licenza.

20 DICEMBRE 1944

Salimmo sui treni a Gumbinnen. Ero l'ufficiale responsabile del carico. Dovevamo andare a Chorzele via Ortelsburg, più a sud, nella Polonia più scura.

21 DICEMBRE 1944

Scendemmo a Chorzele e guidammo per 50 chilometri sino a Polozk. Quindi celebrammo il Natale con un discorso del comandante di Batteria, promozioni e poi i regali di Natale. Io ricevetti: una bottiglia di vino, una bottiglia di Calisay, una bottiglia di succo di mela, dello *Stollen*[33] e un dolce al formaggio, una tavoletta di cioccolata, 50 sigarette, tabacco, caramelle alla frutta, etc. Più regali che mai! A sera, ispezione agli alloggi con lo *Spiess*, l'*Hauptwachtmeister* Hufnagel.

---

[32] La *Deutsches Kreuz in Gold*, soprannominata *Spiegelei*, "uovo all'occhio di bue", dai combattenti di prima linea tedeschi per la sua forma e il colore dei materiali componenti (il bianco dello smalto, il giallo-oro della doratura). Altro soprannome era "Decorazione di partito per miopi", data l'appariscente svastica al centro dell'onorificenza.

[33] La tipica torta natalizia tedesca, con mandorle, canditi, rum e uva sultanina.

28 DICEMBRE 1944

Marcia notturna attraverso Chorzele, Przasnysz, Ciechanow per Grucin (100 chilometri).

31 DICEMBRE 1944

Marcia notturna per 40 chilometri attraverso Ciechanow e a sud di Grudusk. Lì celebrammo l'Anno nuovo (dopo aver sentito il discorso del *Führer*) sino alle 06.00.

13 GENNAIO 1945

Il mio 23° anniversario, che celebrai a Grudusk con dodici ufficiali della Brigata. Finimmo ubriachi fradici! Pattinammo sul ghiaccio tutti assieme sullo stagno del villaggio. Quando vidi una lepre correre sul terreno innevato a 100 metri, la presi con un colpo "al volo" della mia carabina. Più tardi la facemmo arrosto per cena. La sera, il personale del Comando festeggiò nuovamente, perché anche il *Leutnant* Erich Stüwe compiva gli anni.

15 GENNAIO 1945

L'attesa grande offensiva sovietica è incominciata, con quattro Armate dalla testa di ponte del Narew, dieci Divisioni contro una tedesca. Non avevamo ad ogni modo alcuna illusione. Il fronte crollò. Tutto si ritirò indietro verso il nord-ovest, cassoni d'artiglieria senza obici, salmerie, ognun per sé! C'erano 50 cm di neve e – 20%. Quando a sera eseguimmo un cambio di direzione indietro verso Ciechanow, i pesanti bombardamenti avevano trasformato la città in un ammasso di rovine fumanti. Pali telegrafici spezzati, incendi e muri di case crollati resero quasi impossibile attraversare la città.

17 GENNAIO 1945

A sera abbiamo cambiato direzione verso Bielsk.

18 GENNAIO 1945

Ho condotto le salmerie della Batteria sino a Gilino, tra neve e ghiaccio. Ho sentito che abbiamo perso tutti i nostri *StuG*. Cosa sarà di noi?

19 GENNAIO 1945

Il Comando di Corpo d'Armata vorrebbe impiegarci come fanteria. L'*Hauptmann* Sewera si è recato al Comando d'Armata per richiedere nuovi *StuG*. Ci riuscirà? Cosa è meglio, mandare i 200 uomini della nostra unità al macello come fanteria, o rimettere in azione un reparto di artiglieria d'assalto intatto in una o due settimane?

20 GENNAIO 1945

Niente carburante, niente mappe! Il *Leutnant* Stüwe ci comunicò via radio dal Corpo d'Armata: "Urgente cambio di direzione necessario" (ossia, "Telate il più presto che potete!"). Marciammo verso Leip-Thorn. Eravamo acquartierati a Grabowiec davanti Skepewjichytsche in una fattoria tedesca. La moglie del fattore, sola con un gruppo di braccianti polacchi, doveva incontrare l'*Ortsgruppenleiter* domattina presto all'incrocio stradale per l'evacuazione. Le consigliai di caricare subito il suo carro e correre verso ovest! Probabilmente non sarebbe neanche riuscita a incontrare il suo *Ortsgruppenleiter* l'indomani! Era spaventata all'idea di dover macellare un maiale, perché il mercato nero era punito con la pena di morte! Così glie lo ordinai io, e feci anche spiumare una decina di polli, cosa che le ragazze polacche non volevano proprio fare. Bene, pensai, l'aria fresca del mattino farà loro bene!

21 GENNAIO 1945

Marciammo verso Kulmsee presso Kulm e fummo alloggiati nella scuola di vela. Da qualche parte scovammo 100 litri di benzina.

22 GENNAIO 1945

Ci apprestiamo a occupare Herrmansdorf. Nel deposito di sussistenza il furiere capo non intendeva consegnare nessuno dei suoi beni, nonostante i rifornimenti per noi urgentemente necessari. Alla fine li tirò fuori, dietro presentazione di una ricevuta ("Egregio Signore, il fronte è piuttosto vicino!"): 4.800 sigarette, 40 bottiglie di *schnapps*, 3 sacchi di zucchero, 3 fusti di marmellata e un fusto rispettivamente di *sauerkraut* e di cetrioli. Il comandante ritornò dal Comando d'Armata. Aveva atteso invano l'arrivo dei nostri equipaggi di *StuG* a Riesenburg, per i quali aveva firmato i buoni di consegna, ma il *Leutnant* Stüwe non li aveva ancora ricevuti. Così, 24 *Panzer IV L/70*[34] – nuovi di fabbrica – stavano a aspettare Ivan a Allenstein! Quel giorno, fu data notizia della caduta di Allenstein, e di Deutsch-Eylau – la nostra Deutsch-Eylau! Inviammo 26 uomini su camion al Comando d'Armata, dove il nostro comandante sperava di ricevere nuovi mezzi.

23 GENNAIO 1945

Attraversammo la Vistola vicino Graudenz sulla riva ovest. Colonne infinite, su 8 file, e fino a 10 chilometri di lunghezza, erano davanti all'accesso al ponte. Avremmo dovuto attendere 8 ore – semplicemente impossibile. Poi, a 200 metri a monte, vidi il ponte ferroviario. Niente più treni! Allora, andiamo sul ponte con i miei esperti di mezzi!... tra le traversine si poteva vedere la corrente impetuosa sottostante... ma era l'unica possibilità! Così la nostra intera Batteria marciò, o meglio saltò, lungo le rotaie... con successo! Eravamo dall'altra parte! Altri avran-

---

[34] Il cacciacarri *Jagdpanzer IV* armato di cannone *7.5 cm PaK 42 L/70*.

no fatto lo stesso? Alloggiammo a Neuenburg, dove incontrammo un bel "Studente-insegnante per la Regione Orientale" che sembrava completamente ignaro della situazione. E così era il resto della popolazione.

25 GENNAIO 1945

Begli alloggi a Klein-Milwen, cinque chilometri a nordest di Neuenburg, in una tenuta. Ho condiviso il mio con l'*Oberleutnant* Schäfer e il Dottor Cordes.

26 GENNAIO 1945

Mi sono diretto a Danzica con quattro camion per recuperare del carburante al deposito della "*Baltisch und Amerikan Petrol*". Vado sino a Zoppot per rievocare vecchi ricordi. Al Cafè Astoria prendo del caffè e un pezzo di torta. Il vecchio cameriere mi vende una penna stilografica per 50 *Reichsmark*. L'hotel della mia luna di miele, il "*Zum Stolzenfels*" è stato requisito per usi militari. Ed eccomi sulla "nostra" duna di sabbia. Ritorno a piedi da Langfuhr a Neufahrwasser, dove mangio con la *Kriegsmarine*. Due nuovi *U-Boot* sono nel porto.

27 GENNAIO 1945

A nord di Mewe sulla Vistola, vicino Klein-Grünhof prendo in carico otto nuovi mezzi per la mia *3. Batterie*! Hanno due *MG*, una coassiale, una con brandeggio di 360°. Presidiammo la diga della Vistola verso est. Il Comando di Brigata era collocato nel Municipio, e le finestre erano oscurate in modo che Ivan non ci potesse vedere dalla riva destra della Vistola. Mewe era quasi completamente abbandonata dai suoi abitanti, era aperto solo un calzolaio. Tentai invano di spiegare al proprietario che il suo commercio non avrebbe potuto continuare sotto i russi, ma lui voleva barattare le scarpe con tessere annonarie! Il *Leutnant* Adalbert Müller ha impedito con la 2ª Batteria un tentativo russo di attraversare il fiume con pontoni e traghetti a sud di Mewe. I russi furono fatti a pezzi e molti affogarono nelle acque gelate.

29 GENNAIO 1945

L'ordine di movimento è arrivato. La *251. Infanterie-Division* deve spostarsi a sud nell'area di Schwetz-Kulm. I russi stavano premendo da lì verso nord. Marciammo per 80 chilometri in una tempesta di neve. Si dovette scavare fuori la mia *Volkswagen* e trainarla a un camion a trazione integrale. Eravamo la riserva di Corpo d'Armata (*XXXXVI Panzerkorps*) a Dritschimm. Attendemmo lì il carburante.

Alle ore 9.00, ricevetti l'ordine d'azione per la mia 3ª Batteria dal Generale Heucke in persona, comandante della *251. Infanterie-Division*, a Dritschmin: contrattacco con il *Grenadier-Regiment 184* a Bukowitz, per permettere di recuperare il resto della *31.* e *73. Infanterie-Division* che avevano sfondato da Thorn. Guidai nella neve profonda verso Bukowitz. Il villagio rimaneva perpendicolare a noi. Prima che mi rendessi conto di ciò che stava accadendo, l'*Oberwachtmeister* Glaumann (figlio dell'isola di Rügen, decorato della Croce tedesca in oro, 45 carri armati distrutti!) ci diede il passo avanzando velocemente. Riuscimmo a malapena a stargli dietro. Due carri armati russi scomparvero rapidamente dietro le stalle sulla destra del villaggio. Presto raggiungemmo la parte orientale del villaggio senza aver sparato un solo colpo. Mi trovai quindi in avanguardia, guidando sulla destra lungo la strada del villaggio. Una strada portava sulla sinistra. L'avevo a malapena superata quando un colpo di cannone di carro armato o di un controcarro scoppiò contro una casa dietro di me, sulla destra! Ora sapevo dove si nascondevano! Indicai a gesti allo *StuG* che seguiva di portarsi tra i giardini davanti e sulla destra per evitare questo pericolo. Poco dopo ero giunto a un incrocio a T, dove la strada principale correva nord-sud. Alla nostra sinistra, oltre le staccionate dei giardini, era pieno di russi, che ingaggiammo con le *MG*. Improvvisamente, uno dei fanti che ci seguivano sulla destra saltò su sul mio mezzo: "*Herr Leutnant*, di fronte, oltre l'angolo sulla sinistra c'è un carro armato russo!" – 30 metri! Con il cuore che mi batteva forte, ragionai freddamente: chi muove non spara! Così non mi mossi! Pensai che gli Ivan non avrebbero sopportato a lungo l'attesa, e stupidamente sarebbero avanzati. Così avrei aspettato, anche mezz'ora! Nel frattempo volevo costringere la fanteria nemica, di scorta di sicurezza ai carri armati, a ritirarsi. Puntai alla base del tetto della casa d'angolo obliquamente dal basso con il pezzo caricato con una *Sprenggranate*. L'avevamo appena caricata quando il mio pilota, l'*Obergefreiter* Tischler gridò: "Sta arrivando!" e ruotò il nostro cassone, linea di tiro: l'angolo della casa! Veloce come il lampo, il mio porgitore tolse la *Sprenggranate* (che si era inceppata, sfortunatamente!) e cacciò una *Panzergranate* in canna! Tutto in frazioni di secondo! Comunque Ivan sembrava proprio stordito, facendo spuntare solo il cannone oltre l'angolo della casa (pilota pessimo!). Sembrava proprio che non ci riuscisse a vedere con il suo periscopio. Avanzò nuovamente, dirigendosi a gran velocità verso di noi, sterzando in un ampio cerchio – un errore da parte sua! Prima che si fermasse, il nostro proiettile lo colse in pieno fianco. Tirammo altri tre colpi nell'*SU-85*, il suo cannone si infilò nella finestra di un negozio alla nostra destra, e lì si fermò. Un Ivan sbucò da un portello sparando dall'altra parte del cacciacarri. Gioia e sollievo da parte nostra. Indietreggiammo sino alla parte sud-est del villaggio, com gli *StuG* in posizione d'imboscata. Cadde una sinistra oscurità. Per la nostra protezione appiccammo il fuoco alla casa d'angolo dove il controcarro mi aveva sparato dietro, cosicché potevamo osservare l'intera strada, dato che si presumeva dovessimo fermarci qui sino alle 22.00. Avevamo bisogno di rifornimenti! Nella cantina di una grande casa vicino al nostro mezzo, giaceva su un letto di paglia una anziana e obesa donna tedesca, molto ammalata. Era la moglie del proprietario della tenuta. I suoi braccianti polacchi erano con lei nella cantina. Ci pregò e implorò di portarla con noi, ma non era possibile! Non sarebbe potuta entrare nel mezzo, al di fuori di esso si sarebbe congelata, data la temperatura di −15°, e dove potevamo portarla? Un polacco sapeva di un affumicatoio nella soffitta di una casa vicina. A lume di candela aprimmo il lucchetto, stando sempre attenti al fuoco delle mitragliatrici russe che battevano i tetti, e ci caricammo di due giganteschi prosciutti affumicati e di molte file di salsicce. Perché lasciare tutto ai russi, pensammo? Avevamo completato la nostra missione e così facendo avevamo distrutto un *SU-85*, catturato un cannone controcarro e distrutti altri cinque. Alle 23.00 circa partimmo per Dritschmin. Il Generale Heucke ci espresse il suo compiacimento. Avevamo dato supporto all'ala destra della *251. Infanterie-Division* permettendo alla *542. Volksgrenadier-Division* di ritirarsi, oltre che l'evacuazione da Thorn dei resti della *31. Infanterie-Division* e della *73. Infanterie-Division*. La 2ª Batteria ebbe sei perdite totali.

1° FEBBRAIO 1945

Alle ore 8.00 ci arrivò l'ordine dalla *251. Infanterie-Division* di occuparci di dei carri armati nemici a sud di Dritschmin. Improvvisamente, apparirono carri russi con fanteria montata. Riuscimmo a tenere Dritschmin sino alle 12.00, senza fanteria, ma poi fummo superati su un fianco e costretti a ritirarci. Alle 19.00 il ponte sullo Schwarzwasser (a Sauermühl) fu fatto saltare. I mezzi di Lindner e Hehling erano presso il quartier generale della *251. Infanterie-Division*; quelli del *Leutnant* Geil, *Stabswachtmeister* Schwarzbach e dell'*Oberwachtmeister* Kampmann erano danneggiati, e io ero con la Brigata a Osche con l'*Oberwachtmeister* Glaumann, il *Wachtmeister* Pahlke, l'*Unteroffizier* Fröbel e il *Wachtmeister* Oschee.

2 FEBBRAIO 1945

Rifornimento e presidio con il *Bataillon Brüggemann* vicino a Sauermühl.

3 FEBBRAIO 1945

Tramite radio la mia Batteria con i suoi otto *StuG* è chiamata per un'azione all'alba con il *Grenadier-Regiment 448* (*Major* Schulze-Hagen) presso Dritschmin. Durante la marcia, l'Aiutante di Reggimento, un Oberleutnant ci raggiunse su di un *Kettenkraftrad* e ci condusse con la sua mappa facendoci arrivare non scorti all'area di assembramento. Per la strada, il Generale Heucke della *251. Infanterie-Division* ci incontrò di persona. Dovevamo proprio essere attesi urgentemente! Fu un onore per noi! Tirò fuori una bottiglia di schnapps e una stecca intera di sigarette Juno. "Capopezzo, un passo avanti!" Svuotammo la bottiglia, che ci tirò su assai! Passammo le sigarette agli *StuG*, su ognuno dei quali erano montati a Osche dieci *Fallschirmjäger* (del *Fallschirmjäger-Flak-Abteilung II*), con gli *Oberleutnant* Uhrmann e il *Leutnant* Bracksch, i distruttori di carri. Erano armati sino ai denti di fucili, pistole mitragliatrici, bombe a mano e *Panzerfaust*. All'inizio, ci riunimmo in un villaggio a 1.5 km dall'obiettivo: la tenuta di Belino, e, oltre questa, Katsau; gli *StuG* erano nascosti dall'osservazione aerea tra le case del villaggio. Guidai il *Kettenkraftrad* sino al quartier generale reggimentale, dove il comandante mi informò sulla situazione e sull'obiettivo dell'attacco. Venne poi con me al villaggio A. Lì giunti intendevo mettere in pratica proprio quello che avevo appreso alla Sturmgeschützschule Burg bei Magdeburg. Sapevo bene dalle mie stesse tristi esperienze com'era quando ti toccava stare seduto nel tuo mezzo quasi senza un'idea di cosa stesse accadendo, e guidare poi via stolidamente senza un'esatta consapevolezza della situazione e degli obiettivi. Tutto doveva invece essere fatto come da regolamento. Perciò intendevo informare ognuno della nostra missione, sino al capo di sezione di fanteria. Anche se il comandante di Reggimento, che era presente, raccomandava di sbrigarsi, corsi per la strada del villaggio e urlai "Tutti i comandanti di pezzo, squadra e sezione da me!" Dopo che la stanza fu riempita, attaccai al muro una mappa 1:25.000 e dissi: "Noi siamo qui in A. La linea principale di combattimento corre davanti a noi. I russi stanno qui a Belino. Noi la attaccheremo. Belino è il villaggio che tutti possiamo vedere oltre la vallata alla distanza di almeno 1.5 km. Attenti, vicino alle tenute sulla sinistra ci sono alcuni dei nostri uomini che attaccheranno con noi. Faremo un attacco fontale, iniziando alle ore 13.00 dopo il fuoco di preparazione della nostra artiglieria, prima su Belino, quindi Katsau. Sappiamo tutti che i russi hanno sparso il limitare del villaggio di Belino con cannoni d'assalto, cannoni controcarro e carri armati. È necessario prendere il villaggio con un fulmineo attacco a sorpresa! Il piano d'attacco è il seguente: posizione iniziale d'assalto nel versante in contropendenza, invisibile ai russi. Dopo la preparazione d'artiglieria, il Plotone di Glaumann con i suoi quattro *StuG* avanza sin quasi al crinale, e da posizione a scafo sotto spara – fuoco rapido – sul bordo del villaggio, il più rapidamente possibile! Sotto questo tiro di copertura, sfruttando la sorpresa dei russi, avanzo velocemente con il mio Plotone sino a metà del campo di stoppie, lungo 300 metri, mi arresto e faccio fuoco con tutto quello che ho – e quindi il Plotone di Glaumann avanza sotto il mio fuoco di copertura, a sbalzi, nel villaggio! Dopodichè, io sfondo frontalmente. A Katsau, ci disponiamo su di un ampio fronte, di nuovo l'avanzata a sbalzi, e così via. Tutto chiaro? Domande? Nessuna? Allora, andiamo alla posizione iniziale d'assalto!" Il da farsi era chiaro a tutti, e non c'era molto altro da dire.

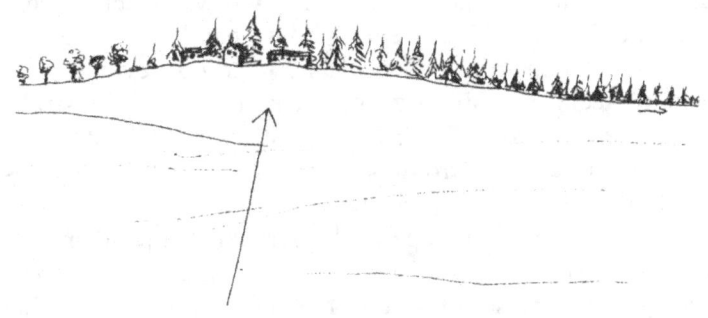

Alle 13.00 eravamo nella posizione iniziale d'assalto, dove eravamo giunti inosservati guidando attraverso la vallata. Di tanto in tanto, qualche obice di *l.F.H.* fischiava sopra le nostre teste e esplodeva nel villaggio di Belino, nella fabbrica di *schnapps*. – Una pausa – le ore 13.10. All'improvviso, il *Wachtmeister* Glaumann avanzò con i suoi tre *StuG* fermandosi poco prima sotto il crinale e aprì il fuoco con tutte le armi. Di primo acchito pensai "È andato fuori di testa! Il nostro attacco doveva essere aperto dalla preparazione dell'artiglieria!" Ma a che pro, Glaumann ormai era partito, e così dovevamo attaccare anche noi! (E la vecchia volpe Glaumann, con la *2./Sturmgeschütz-Brigade 190* in Crimea, presso Bakchisaray nel 1942, aveva ragione; quei 6-8 deboli colpi erano una "preparazione d'artiglieria", nel febbraio 1945). Immediatamente, guidai a tavoletta sino a metà del campo di stoppie, fermai lo *StuG*, mi guardai attorno... ed ero un bersaglio ideale, solo soletto! Gli altri tre *StuG* del mio Plotone erano rimasti defilati al riparo, non mi avevano semplicemente seguito! Ero da solo nel campo aperto, il mio cuore che batteva all'impazzata quasi a scoppiare, un groppo in gola e la sensazione "Sei perduto, presto sarai spazzato dal boato di un cannone controcarro ben nascosto o da un carro armato". Preso da un coraggio frutto della disperazione, mi sporsi ben fuori dalla soprastruttura a gesticolai con ambo le braccia. Mi sbracciai e sbracciai: "Venite avanti, stronzi!" Ebbi la sensazione di aver solo pochi secondi di vita restanti. Infine, grazie a Dio, due avanzarono! (più tardi scoprii che l'*Oberwachtmeister* Koch aveva avuto al momento di partire dei problemi al cambio o al motore). Una vampa, e l'onda d'urto di un proiettile di Ivan ci sfiorò. "*Herr Leutnant*", gridò Strohbach, "vampa di bocca!" Questa volta il colpo sibilò appena sopra di noi, ancor più vicino. Chiesi: "Ce l'hai?" "Sì!"- "Fuoco!" E ecco un semovente nemico bruciare tra i cespugli prima del villaggio, che non avevamo notato prima, tradito dalla sua stessa vampa. Presto fummo nel villaggio, i russi scapparono, la nostra fanteria irruppe dalla sinistra. Avanzammo oltre il semovente russo sino al grande casolare; erano lì attorno una sessantina di mucche, e i russi sparavano di tra di esse, usandole come copertura. Dovetti guidare lo *StuG* tra le vacche, e fu raccapricciante. Fu tutto in un lampo. I russi fuggirono. Eravamo oltre. Un Ivan sparava con la sua pistola mitragliatrice defilato dall'angolo dell'ultima stalla sulla destra. "Ora ti becchiamo, mio caro", urlai, e sparai una *Sprenggranate* con spoletta a scoppio ritardato allo spigolo del muro in mattoni, e fu la sua fine. Questo successe ancora qui e là. Gli Ivan scapparono in preda al panico di fronte al nostro rombo. Sulla sinistra, dietro l'ultima stalla, un *SU-85* si aggirava insicuro, cercando copertura, perché non intendeva spingersi verso Katsau, perché sarebbe stato sicuramente distrutto. Un colpo dal nostro cannone, e saltò in aria. Avevamo preso Belino! Avevo distrutto due cacciacarri. Vittorie totali: cinque corazzati distrutti (tre cacciacarri *SU-85*, un *T-34/85*, un *Josif Stalin 122* (quest'ultimo dall'*Ober-wachtmeister* Glaumann!), due cannoni controcarro da 4.5 cm, 30 prigionieri, tra di essi un Capitano. Tutti eravamo soddisfatti, e volevamo riposarci. Nessuno pensava a Katsau. C'erano ancora 1.5 km su terreno aperto, leggermente in pendenza sino a lì. Perciò mi eressi sulla soprastruttura, e mi sbracciai indicando la direzione di Katsau, il prossimo bersaglio, per mostrarlo a tutti. Non avevamo avuto perdite. Lasciai due StuG dietro presso Belino per coprire la nostra nuova avanzata e darci fuoco di copertura. Di Katsau scorgevamo giusto due case e qualche albero alto e, sulla destra, un bosco lungo circa un chilometro, che correva sino alla vallata dello Schwarzwasser vicino a Sauermuhl.

Avanzammo presto su di un ampio fronte, con la fanteria e i *Fallschirmjäger*, le cui *Flak-Vierling*[35] semoventi da 2cm battevano il margine del bosco. Una vista fantastica, vedere i quattro traccianti allo stesso tempo. A metà strada da Katsau, raggiunta senza alcuna resistenza di armi pesanti, udii all'improvviso il rumore di aerei. Sette *Stuka* tedeschi volavano in circolo sopa di noi. Saltammo dalla gioia: "Ora Ivan è messo male!" – ma cosa? Vidi due *Stuka* andare in picchiata contro di noi, il loro terribile fischio sempre più forte, e ecco molte bombe da 5 kg cadere da sotto le loro ali, piombando su di noi in fitte nubi, scendendo e facendosi sempre più grandi! Terrificato, mi riparai dentro il mezzo (la nostra corazzatura superiore era spessa solo 15 mm!) e gridai ai miei tre uomini: "Stanno sganciando bombe su di noi! È finita… finita!…" Un folle, assordante rumore, e poi reagii, e pensai: razzi da segnalazione! Prima sparai razzi di colore bianco, bianco, li sparai tutti, poi rosso, poi fuoco di *MG* con proiettili traccianti in direzione del nemico a Katsau e del bosco. Grazie a Dio, gli altri cinque *Stuka* capirono e cabrarono – sì, cabrarono via! Eravamo sopravvissuti! Però, non sganciarono le loro bombe su Katsau e il bosco – no – cabrarono e sparirono! Era un miracolo che fossimo vivi. Un *Fallschirmjäger* era morto, e molti erano stati feriti. Il *Major* Schulze-Hagen sanguinava dalla testa e, dopo che il momento di paralisi generale fu superato, avanzò con una benda sulla sua fronte per il prossimo attacco: che personaggio! Occupammo presto Katsau. La nostra missione era compiuta. Nondimeno, guidai il mio *StuG* giù per un trattturo sulla destra attraverso il bosco. Era sinistro. Avanza-Fermati-Ascolta-Osserva. Avanza-Fermati-Ascolta-Osserva. Niente fanteria con me. Finalmente sentii il rumore di carri armati nell'area di Sauermühl, al ponte distrutto. Dal momento che ero da solo, mi ritirai.

Ma dove andare, ora? Per dare supporto durante la notte alla fanteria a Belino lasciai lì l'*Oberwachtmeister* Koch, che era riuscito a riparare il guasto al motore del suo mezzo, e altri due *StuG*. Noi, gli altri cinque, tornammo indietro a Laskowitz per rifornirci di munizioni e carburante, mangiare e dormire. Gli alloggi erano nella stazione (qui il *Leutnant* Bracksch dei *Fallschirmjäger* distrusse il giorno dopo due carri armati russi in combattimento ravvicinato, colpendoli attraverso le finestre dell'edificio della stazione). Montagne di pacchetti della posta militare e lettere dagli affetti familiari a casa giacevano in una delle stanze della stazione. Sarebbero cadute in mano ai russi. L'attacco si era svolto proprio come da me pianificato. Solo gli *Stuka* di base a Danzica, dei quali non sapevamo nulla, erano stati tipici del 1945: erano arrivati troppo tardi, dopo che avevamo già preso l'obiettivo dell'attacco; e, poiché disorientati, avevano bombardato le loro stesse truppe.

---

[35] Mitragliere quadrinate da 20 mm.

Un altro giorno d'assalto. Contrattacco a Lianno con sette dei nostri *StuG* e sei della *Sturmgeschütz-Kompanie 227* della *227. Infanterie-Division* e 40 *Fallschirmjäger* del *Fallschirmjäger-Flak-Abteilung II*. Mentre attraversavamo il terreno lievemente ondulato di fronte a Lianno, vidi uno *Sturmgeschütz* in fiamme sulla sinistra dietro un pino, mentre due carri armati russi scomparivano in un lampo dietro alcune case tra la vegetazione. Coprendo sulla sinistra, cercammo di avanzare frontalmente verso Lianno, passando per un'ampia collina. Il villaggio si estendeva davanti a noi, a circa 1.000 metri. Distrussi, con molta fortuna, un *JS-122* tra le case, e quindi un altro cacciacarri *SU-85*. Dal momento che non potevamo avanzare ancora frontalmente, mi diressi sulla destra, a lato della via che entrava a Lianno, attraverso una depressione, per giungere nel villaggio dal fianco destro o da dietro. In quel momento notai molti carri armati russi dirigersi verso Lianno da dietro e destra. Per bloccare la colonna corazzata, sparai al primo carro, che però sparì dietro una collinetta sino alla torretta, così diedi l'ordine al *Richtunteroffizer* Strohbach di puntare alla collina con il triangolo-reticolo di puntamento dove spuntava la sommità della torretta, e di aggiungere una lunghezza pari a metà carro armato come anticipo. La coda tracciante del nostro perforante curvò verso la collina, andando sempre più lenta e lenta, sparì e – miracolo – il *T-34/85* saltò in aria. Gli altri carri armati si girarono e tornarono indietro.

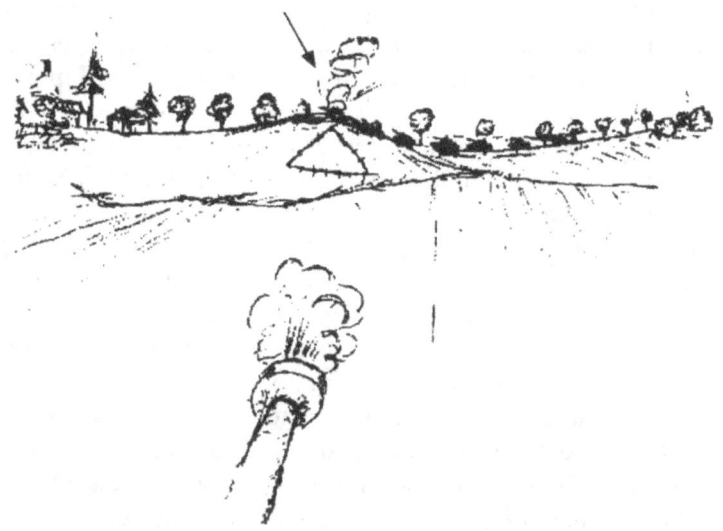

Quindi ci spingemmo dentro il villaggio dalla destra. Lì, un tedesco ci descrisse come, durante la notte precedente, aveva dovuto assistere sotto la minaccia mentre una dozzina di russi violentavano sua moglie e sua figlia una dopo l'altra. Un'altra donna, con sette ferite d'arma da fuoco nel corpo fu presa dai russi nella terra di nessuno e violentata da otto russi nonostante le sue ferite. Ci era stato ordinato di prendere nota e di inoltrare ai comandi questi resoconti, che erano orribili e non infrequenti. Ma non avevamo tempo per far ciò. Risultati; totalmente distrutti: tre *SU-85*, un *JS-122*, un *T-34/85*, due *T-34*. Catturati: un cannone controcarro da 7.62 cm, un camion. Tre cannoni controcarro distrutti. Nessuna perdita per noi! Eravamo subordinati al *Grenadier-Regiment 366, 227. Infanterie-Division, XXXXVI Panzerkorps*. Lo *StuG* di Lindner andò alla *Sturmgeschütz-Kompanie 227* (*Hauptmann* Barral, *Ritterkreuz* il 21 settembre 1944).

6 FEBBRAIO 1945

Manutenzione sui mezzi a Osche. Oggi siamo testimoni del nostro comandante, *Hauptmann* Sewera, che con l'Aiutante *Leutnant* Schmitt conferisce alla 3ª Batteria le quattro Croci di Ferro di 1ª Classe e tredici Croci di Ferro di 2ª Classe da me proposte nei rapporti che ho steso nelle notti tra le battaglie. Riuscii a ottenere altri tre *Hetzer 38(t)*. Il nostro *Sturmgeschütz* ha diciotto anelli attorno al cannone, per altrettante vittorie!

7-8 FEBBRAIO 1945

Siamo radunati a Klinger.

10 FEBBRAIO 1945

Ci sistemiamo per la notte nella casa del guardiaboschi a nord di Stenzlau in una vastissima pineta. Eravamo al confine meridionale del Tucheler Heide, una regione fittamente boscosa. I russi si erano spinti nei boschi da sud. Gli ordini di azione odierni. Avanziamo per dei lunghi e stretti tratturi nella foresta. Il fronte esplode. Il *Rittmeister*[36] Golzens, *II./Grenadier-Regiment 366, 227. Infanterie-Division*, mi diede la situazione e l'ordine d'azione a lume di candela nella profonda cantina della villa (il quartier generale) a Eibenhorst. I nemici che si erano infiltrati attraverso i boschi dovevano essere respinti. Avanzammo verso est con sette *StuG* e senza fanteria di scorta lungo il margine settentrionale del bosco, in parte su strade di tronchi stesi sul terreno fangoso. Non ideale per un cannone d'assalto! Dopo un chilometro, vidi sulla destra uno spigolo del bosco dove vi erano dei pini giovani, più alti di un uomo. A 400 metri notai un villaggio (Stenzlau), attraverso il quale le colonne di fanteria russe marciavano nord-ovest nel bosco. Mi spostai di dieci metri dai pini a dietro una collinetta, in modo da poter impegnare il nemico. Il mio pilota, l'*Obergefreiter* Tischler, mi urlò "*Herr Leutnant*, siamo troppo visibili qui, dobbiamo tornare indietro!". Aveva un istinto infallibile (queste furono le sue ultime parole!). Dal momento che potevo vedere un cannone controcarro ippotrainato davanti alle case, pensai che i russi non avessero ancora messo in sicurezza i propri fianchi, o stavano ancora apprestandosi a farlo. Calmai Tischler, mi abbassai nella soprastruttura e diedi le indicazioni del bersaglio, il cannone controcarro (provando dispiacere, come vecchio artigliere, per i due cavalli). Quindi ci fu un terribile

---

[36] Capitano.

schianto e attorno a me tutto divenne nero (quanti carristi dei *Panzer* saranno morti così, in maniera indolore, improvvisa!)... Dalla notte più oscura, ripresi i sensi e pensai "Vivi!". Con il prossimo colpo, sarebbe finito tutto; volevo mettermi in piedi, ma non ero in grado, la mia gamba sinistra non mi rispondeva più. Le mie mani toccarono del sangue sulla mia coscia sinistra, i miei pantaloni in pelle grigia, ordinanza della *Kriegsmarine*, che erano messi rimboccati i miei stivali in gomma, erano a brandelli. Afferrai la mia gamba sinistra (non sapendo se fosse totalmente separata, dal momento che il mio piede e le dita pendevano inerti) con entrambe le mani e mi issai fuori dalla sovrastruttura usando la mia gamba destra, e trascinando la sinistra con me. Quindi mi spinsi fuori, e caddi sul mio fianco destro sul lato del mezzo. Muovendomi sui gomiti, strisciai indietro sulla schiena. Il mio porgitore, il *Gefreiter* Wenk, balzò accanto a me trascinandomi per le ascelle 15 metri indietro. Applicammo alla mia coscia un laccio emostatico improvvisato con le bretelle dei suoi pantaloni imbottiti invernali. Quindi tre camerati dello *StuG* n° 2, che era ancora in posizione nella pineta, arrivarono, mi avvolsero in un telo tenda, mi caricarono sul loro mezzo e mi riportarono al Comando di Battaglione. Prima di ciò, urlai che l'*Oberwachtmeister* Seelbach o Kampmann conducessero l'attacco. La tenuta era sotto il più pesante fuoco d'artiglieria, e io ero sopra il cannone d'assalto. Pensai, qua ti beccherai il resto! L'Ufficiale medico di Battaglione uscì fuori dal bunker, e mi diede un'iniezione di morfina e una targhetta da ferito. Dopo un'eternità arrivò un carretto tirato da un cavallo *Panje*[37] con della paglia sul fondo, e fui portato via con altri due feriti. Il fuoco concentrato dell'artiglieria russa si abbatteva su ogni incrocio dei lunghi e stretti tratturi tra i boschi. A ogni attraversamento, il conduttore faceva andare a rotta di collo i cavalli a causa delle esplosioni tra gli alberi. A causa del dolore dovevo tenere ferma la mia gamba. Prima di un villaggio, l'*HVP*; il nostro *Spiess*, Hufnagel, venne verso di noi, stando in piedi come un palo in un automezzo dotato di *MG*. Voleva portarci del cibo. Non mi aveva riconosciuto, ridotto com'ero. Lo chiamai e gli feci segno. Si girò. "Hufnagel, non gli serve da mangiare là avanti, sono nella merda fino al collo!" Hufnagel disse: "*Herr Leutnant*, cosa è successo?". Mi misero in una mangiatoia di legno per maiali nella *HVP*, in una dipendenza della fattoria, e mi tagliarono via stivali e pantaloni. Era una ferita grave alla coscia sinistra, con un ampio danno ai tessuti. Grazie a Dio i nervi e le arterie principali dentro non erano stati danneggiati. Mi diedero un anestetico. Quando mi risvegliai, per prima cosa chiesi ai feriti che giacevano accanto a me: "La mia gamba c'è ancora?" Rendiamo grazie, c'era! Però, l'uomo accanto a me nella fila al tavolo operatorio per una medicazione mi disse che aveva sentito i medici discutere sull'opportunità di amputare o meno la gamba. Ringrazio quei dottori ancor oggi.

A Heiderode fui caricato su un carro bestiame con della paglia per terra. Tutti gli Ufficiali del Comando vennero a salutarmi. Dovevo apparire pietoso nel mio letto di paglia. Il mio "fratello di sangue", l'Aiutante Schmitt, mi sussurrò che l'*Hauptmann* Sewera mi aveva proposto per la *Ritterkreuz*.

---

[37] Il cavallo da tiro di razza *Panjeskaya*, di taglia piccola, robusto e resistente al freddo, molto diffuso nell'Europa orientale.

L'11 febbraio, a Berent, il mio osso pelvico e la mia gamba furono ingessate. Con un coltello da cucina tagliai parte dell'ingessatura all'altezza delle costole inferiori perché non riuscivo a respirare. Da lì fui mandato all'ospedale da campo a Schlawe sulla costa baltica. Ero in una sala con 20 altri Ufficiali. Un *Leutnant* della *Kriegsmarine* decedette con 15 colpi di pistola mitragliatrice nel torace. Vicino a me stava un *Hauptmann* dei *Panzer*, completamente ustionato, solo i suoi occhi, naso e bocca non erano bendati. Per mangiare doveva essere imboccato. Quando dissi "I russi avanzano di 30 chilometri al giorno, sono stato ferito 210 chilometri da qui, saranno quindi qua in 7 giorni", tutti mi risero dietro. Dopo sei giorni arrivò il terribile urlo "Carri armati russi a 20 chilometri da qui a Pollnow!" Alle 12.00, caricati su dei buoni vagoni. Con noi, due Sorelle della *NSV*[38], una latta per le necessità fisiche di 40 uomini. Scappammo dai russi verso ovest con una "tradotta ospedale" (tutti carri bestiame) prima che riuscissero a chiudere la sacca della Prussia orientale vicino Stolp. A Pasewalk mi misero in un lussuoso treno ospedale, che girò intorno a Berlino per due giorni nel suo viaggio verso sud, mentre i bombardieri Alleati attaccavano notte e giorno. Ormai non eri più al sicuro da nessuna parte! Poi fui scaricato con qualche camerata a Kronach, nella Franconia superiore, a causa di una febbre di 41.5°, e fui messo sul palco di un teatro pieno di feriti. Anche qui i muri tremavano per i bombardamenti aerei. Più tardi, in un ospedale distrettuale, durante una di quattro operazioni, esclamai nonostante l'anestesia (l'avevo letto il giorno prima nel *Faust* di Goethe) "Oh, tu carico di dolore, china la testa pietosamente in mio aiuto!" Uno stato febbrile lungo tre mesi, mai sotto i 38°, quasi sempre 39-40°! Però, la mia gamba resse!

Il mio cannone d'assalto restò dov'era, distrutto. Ambedue i miei camerati caduti, pilota *Obergefreiter* Tischler, Croce di Ferro di prima classe, e l'*Unteroffizier* Strohbach, il mio eccellente Sottufficiale Puntatore[39], anche lui con la Croce di Ferro di 1ª Classe, furono lasciati nel mezzo distrutto, non potendo essere sepolti data la situazione di combattimento. Scoprii questo, con mio disappunto, solo nel 1951. E solo nel 1974 scoprii per caso di essere stato decorato con la *Ritterkreuz*. Vidi i documenti, restituiti dagli *USA* al *Bundesarchiv* a Kornelimünster, vicino Acquisgrana. Non vi era un timbro di conferma[40].

Presumo che la ricevetti per aver fermato, con la mia Batteria, l'avanzata sovietica verso settentrione, a ovest della Vistola, per tutta una giornata, aver riconquistato diversi villaggi senza perdere mezzi e con considerevoli perdite nemiche, guadagnando così tempo per l'evacuazione di migliaia di profughi dalla Prussia e dalla Pomerania verso ovest.

Nel novembre 1996, dopo aver chiesto alla comunità polacca di Lniano (Lianno), scoprimmo che dopo il 10 febbraio 1945 due giovani fratelli polacchi avevano recuperato dal mio cannone d'assalto e li avevano sepolti. Su ambo i tumuli di terra

---

[38] *Nationalsozialistische Volkswohlfahrt*, Organizzazione Nazionalsocialista di assistenza sociale.
[39] Sottufficiale Puntatore.
[40] Il conferimento è confermato dall'autorevole ricercatore Walther-Peer Fellgiebel: l'alta decorazione risulta concessa al *Leutnant d.R. Dr. med.* Alfred Regeniter il 5 aprile 1945 quale *Führer* della *3. Batterie/StuG-Brigade 276*.

stava una croce. Non si era ancora riusciti a identificare i due morti perché mancavano i documenti personali. Noi, i sopravissuti della *Sturmgeschütz-Brigade 276*,
intendiamo andare a rendere omaggio alle loro tombe.

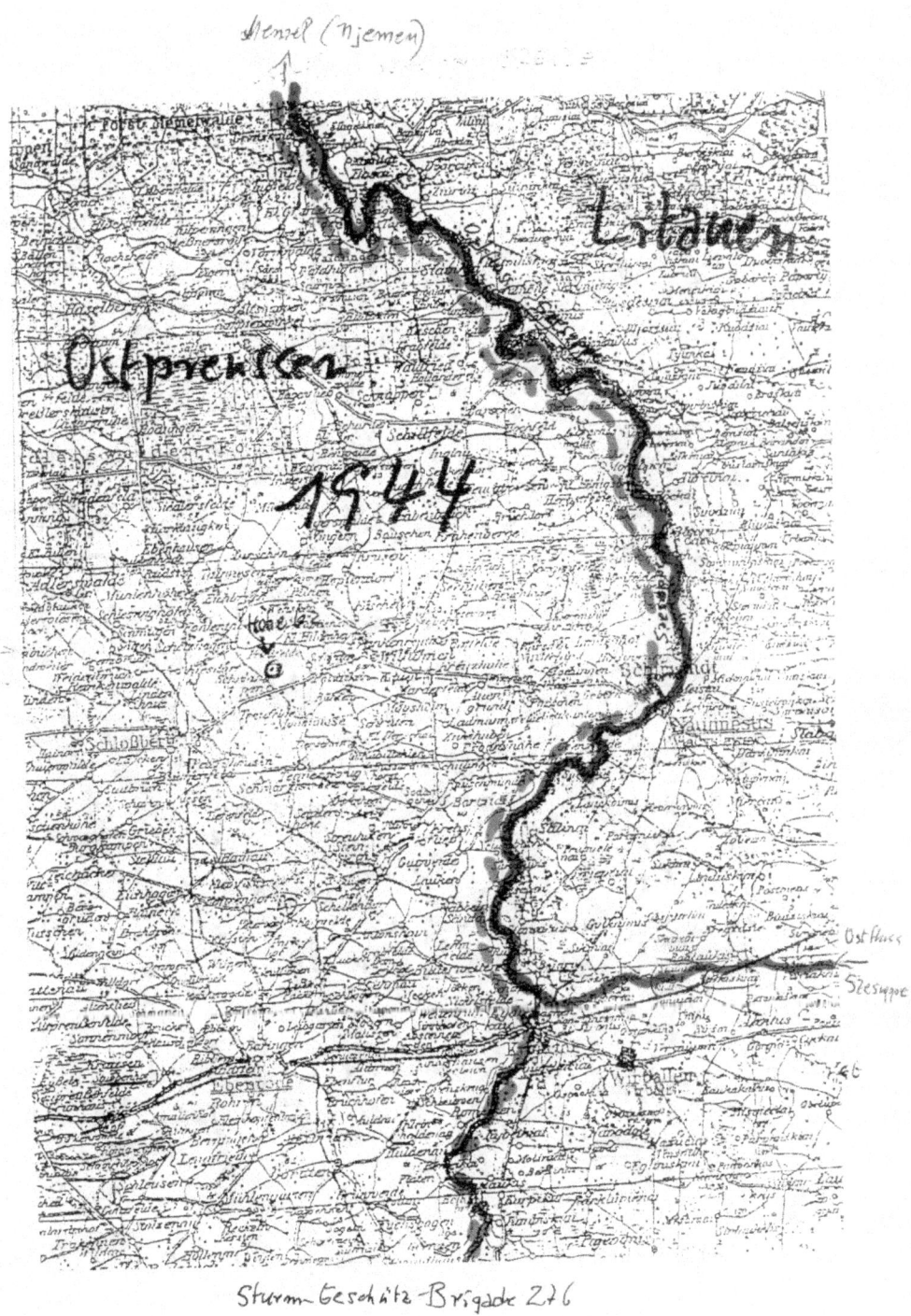

Zone d'operazione della **StuG-Brigade 276** *in Prussia orientale e Lituania, 1944.*

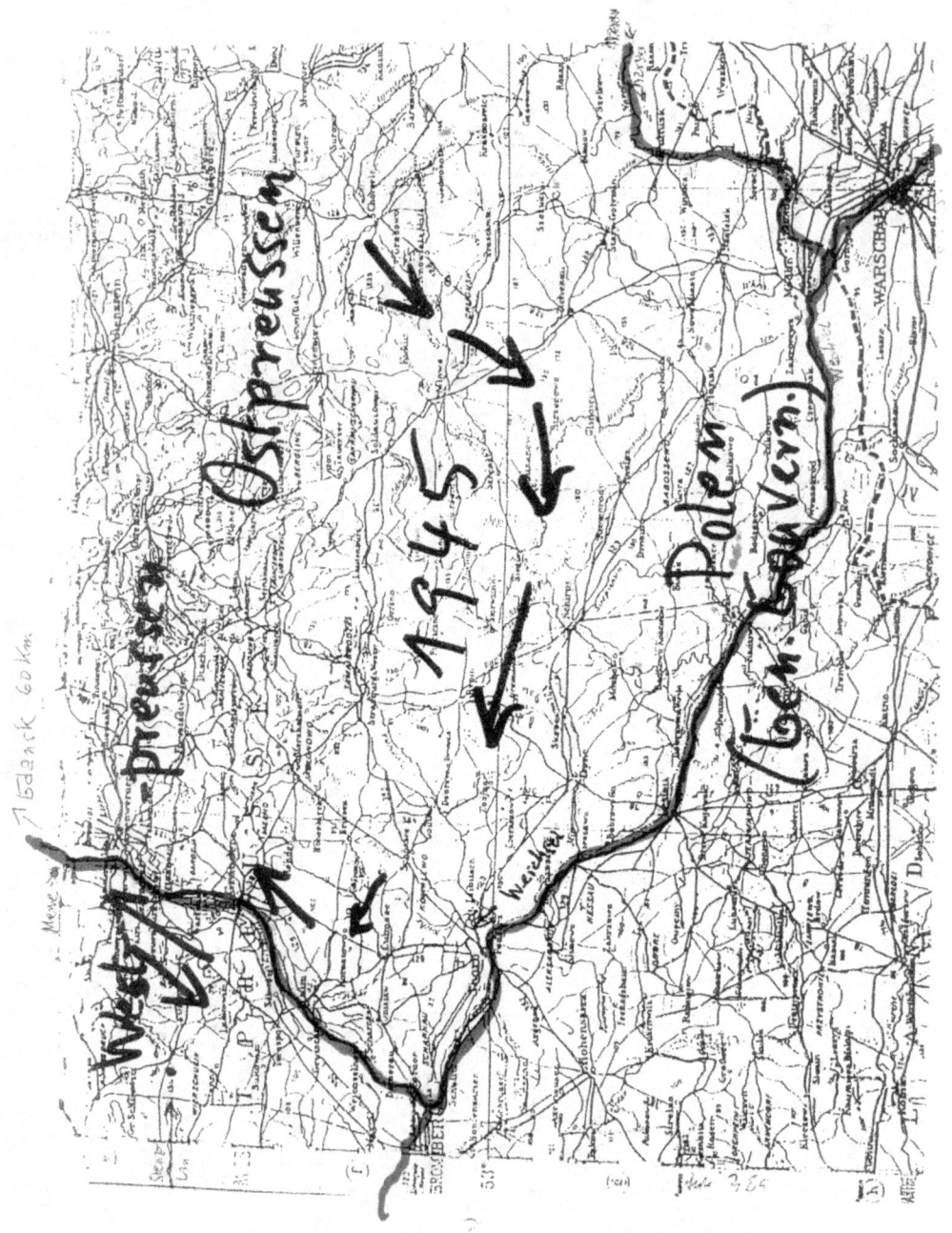

Zone d'operazione della StuG-Brigade 276 *in Prussia occidentale, 1945.*

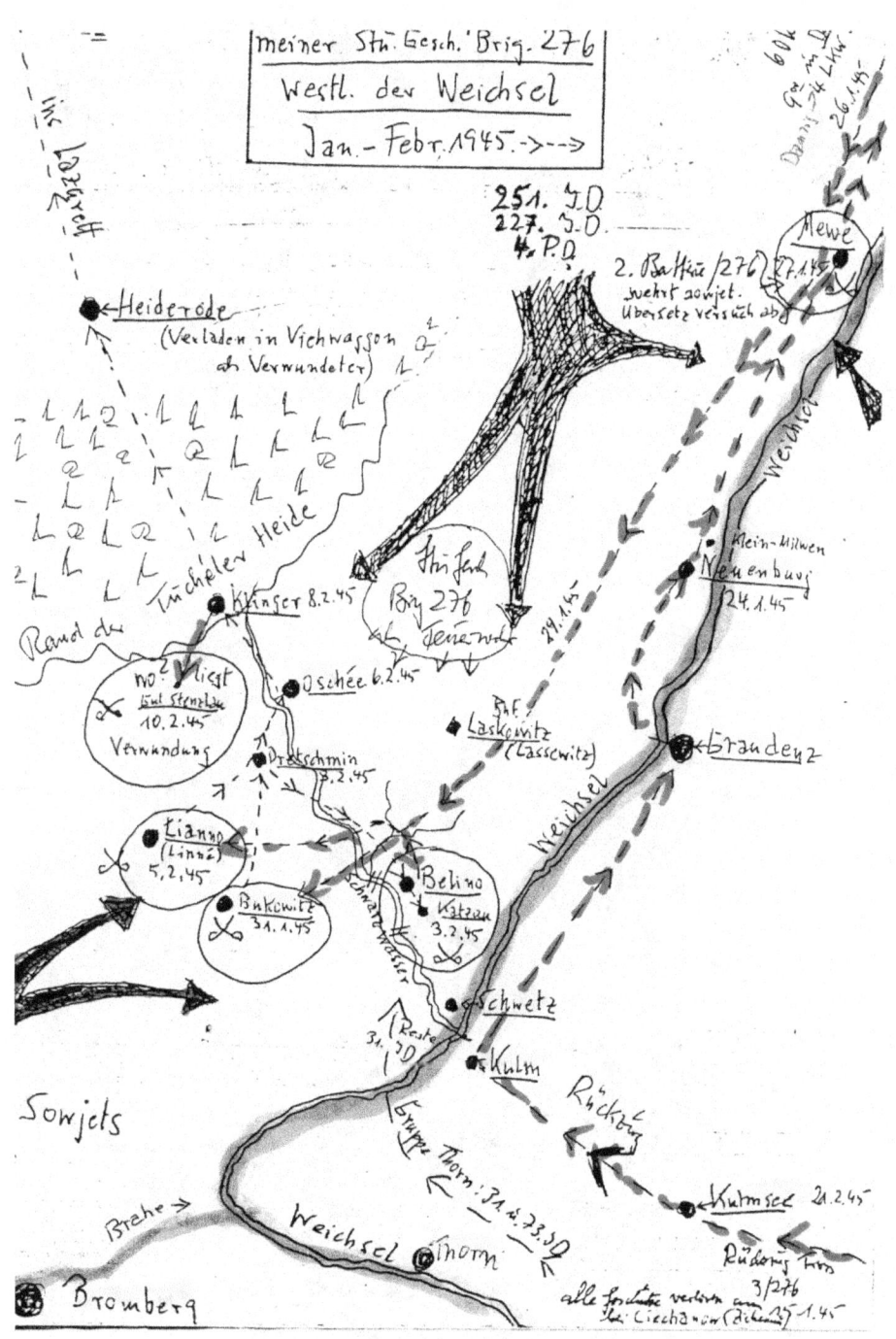

Le ultime battaglie della StuG-Brigade 276 *a ovest della Vistola, gennaio-febbraio 1945. Questa e le due mappe precedenti sono state stese dal Dr. Alfred Regeniter.*

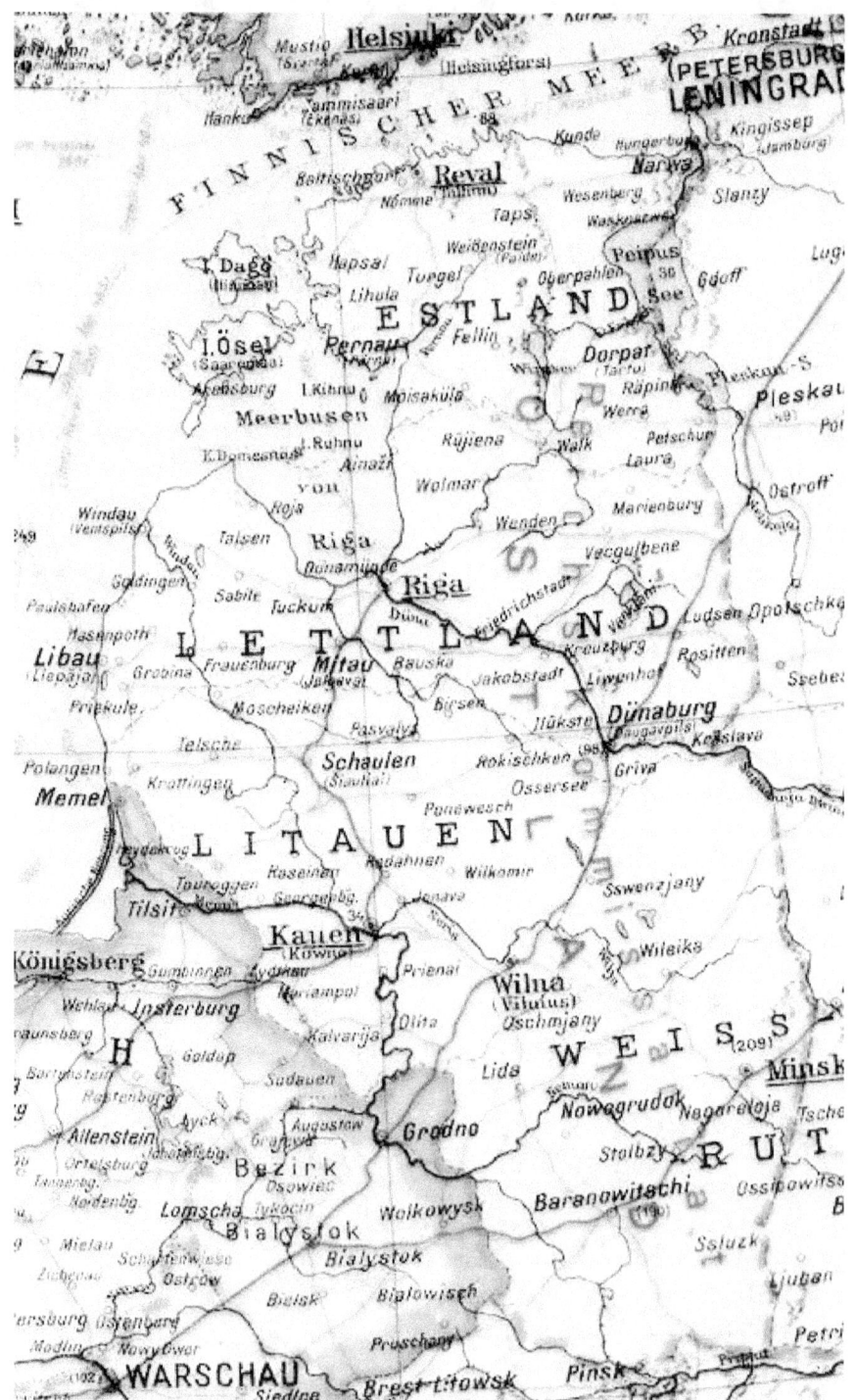

Mappa della Lituania

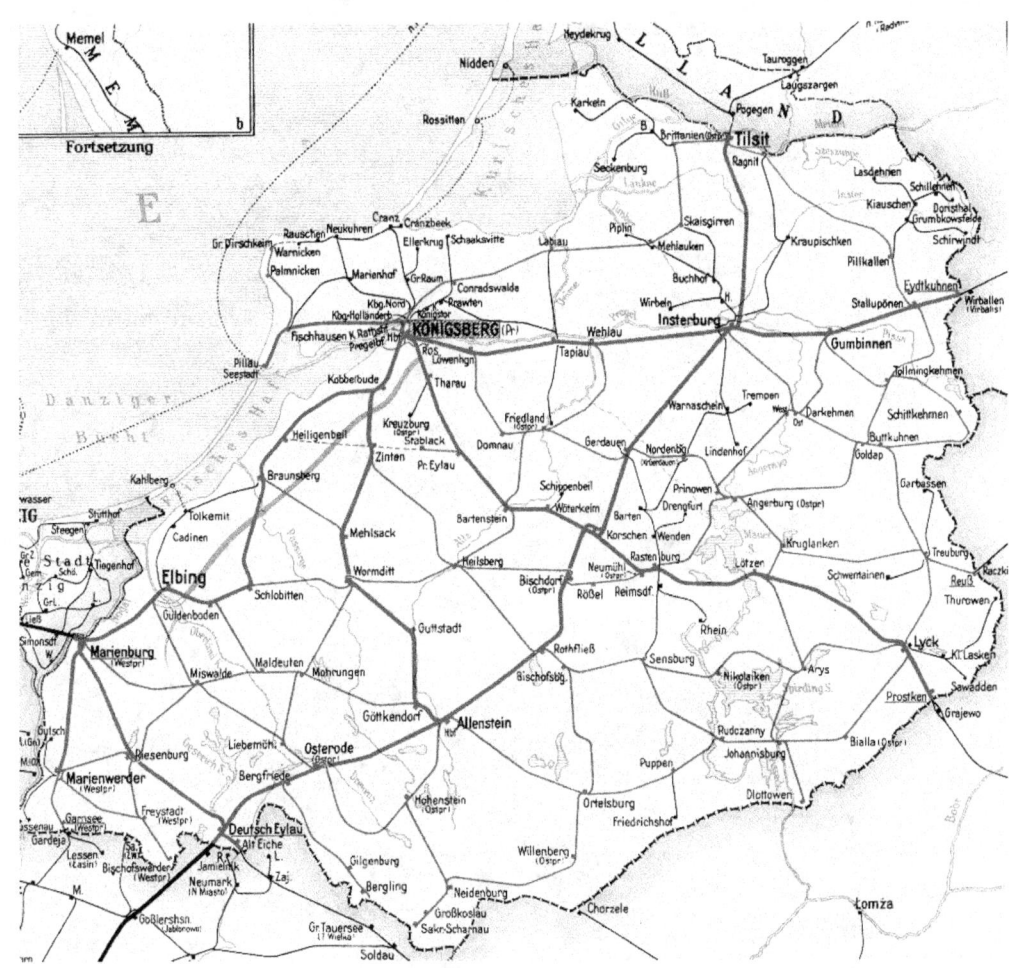

Mappa della Prussia orientale

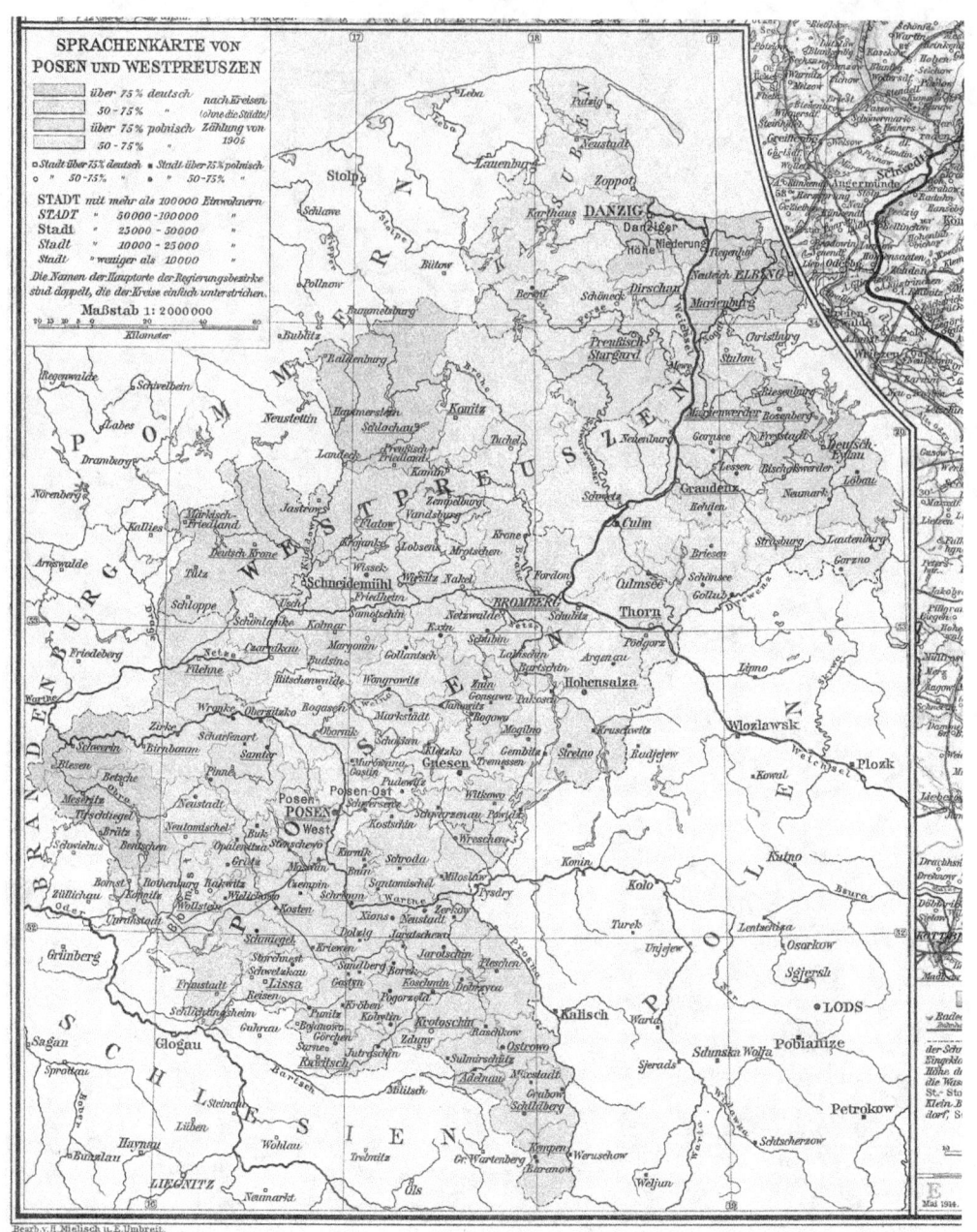

Mappa della Prussia occidentale

30 luglio 1944. La partenza della StuG-Brigade 276 *per il fronte in Lituania.*

Alcuni Ufficiali della **Sturmgeschütz-Brigade 276** *presso Klepai, 12 agosto 1944. Da sinistra a destra: il* Leutnant *Regeniter, l'*Hauptmann *Stück, il* Leutnant *Sehrt e l'*Hauptwachtmeister *Hufnagel.*

Lo Sturmhaubitze *"331". Il Capopezzo* Wachtmeister *Taschka e il marconista porgitore* Obgefr. *Schüller sono sul mezzo, il* Leutnant *Alfred Regeniter è al centro. Tutti portano, come gli altri equipaggi della Brigata, l'elmetto da* Fallschirmjäger.

Turcinai, 12 agosto 1944. Il Ltn. *Stück e il suo guidatore* Obgefr. *Alfred Naschenweng, ucciso dai russi alla guida di questo veicolo. A sinistra, il* Ltn. *Regeniter. Notare il simbolo della* StuG-Brigade 276 *sul fianco della* Schwimmwagen.

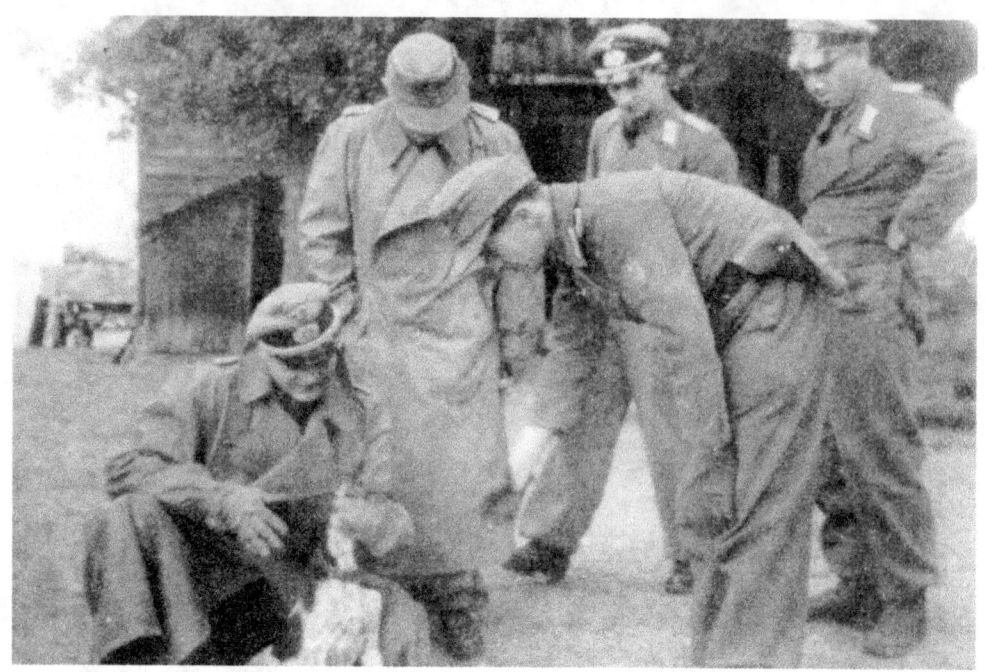

Comando di Brigata, settembre 1944: da sinistra l'Aiutante Oberleutnant *Semke, il Medico Dottor Cordes, il* Leutnant *Schmitt, il comandante dell'unità* Hauptmann *Sewera e il* Pioniere *Pöhlmann.*

Ufficiali della Brigata, agosto 1944: Leutnant *Schmitt,* Leutnant *Sehrt,* Oberleutnant *Lötsch e* Oberleutnant *Semke.*

*L'*Oberleutnant *Werner Semke.*

Il **Major** *Norbert Braun, comandante dell'unità, ucciso in azione il 21 agosto 1944.*

Il Leutnant *Walter Schmitt.*

*L'*Hauptmann *Friedrich Stück, comandante della* 3. Batterie *dal dicembre 1943 al dicembre 1944 e dal gennaio 1945 al comando della* StuG-Brigade 276.

Schwaighöfer, Prussia orientale, novembre 1944. Foto di gruppo per alcuni Uffi-ciali della Brigata; notare le diverse divise in panno nero mostreggiate Artillerie.

Il Leutnant *Rudi Sehrt.*

StuG *della* 3. Batterie *in posizione. Notare le tenute protettive in tela* Drillich.

Sturmgeschütz *della* StuG-Brigade 276 *al fronte.*

Villaggi teatro di combattimenti presso Wilkowischen, agosto 1944.

Lituania, 12 agosto 1944. Il Leutnant *Regeniter, indossante una tenuta protettiva in tela* Drillich, *2° modello, dopo un'azione a Barandai/Pranskabudis.*

Un T-34/76 *distrutto dagli* StuG *della* Brigade.

Lituania, agosto 1944. StuG *con fanteria montata.*

Un gruppo di Ufficiali della StuG-Brigade 276; *al centro, il* Leutnant *Regeniter.*

Artiglieri d'assalto della StuG-Brigade 276: *da sinistra, Naschenweng, Doss, Wimmer, Dollkopf, Buck, Budwig, Fleischer, Wenk e Rollin.*

L'equipaggio di uno StuG *in attesa di ordini.*

Uno Sturmgeschütz *della* 276. StuG-Brigade *in posizione di imboscata.*

Wilkowischen, agosto 1944. Un T-34/76 *appena distrutto dallo* StuG *dell'*Haupt-mann *Stück.*

Agosto 1944. Tre carri leggeri T-70 *distrutti dagli* StuG *della Brigata.*

Ottobre 1944. L'Obergefreiter Fleischer dipinge un anello indicante una vittoria sulla canna dello Sturmkanone 40 *da 7.5 cm. Notare la corazzatura imbullonata e l'applicazione della pasta antimagnetica* Zimmerit.

La cupola dello Sturmgeschütz *del* Major *Braun, ucciso da un proiettile di fucilone controcarro sovietico.*

Gli equipaggi di uno Sturmhaubitze *e di uno* Sturmgeschütz *della Brigata.*

27 novembre 1944: due trattori da 18 tonnellate trainano uno StuG.

Uno StuG della Brigata caricato su di un rimorchio da 22 tonnellate.

*Alcuni momenti di svago: una giovane tedesca si fa fotografare accanto all'*Hauptwachtmeister *Hufnagel indossando scherzosamente l'uniforme nera della* Sturmartillerie, *e nella foto sotto, la festa di compleanno del* Leutnant *Alfred Rege-niter il 13 gennaio 1945.*

Inverno 1944. StuG *della* 3. Batterie *pronti a entrare in azione.*

Slesia superiore, 1945. Un carrista amico di Regeniter posa accanto al suo Panzer,
un T-34/85 *di preda bellica.*

Nei pressi di Klepai, Lituania, 18 agosto 1944. Il Leutnant *Rudi Sehrt (Comandante di Batteria in sede vacante, caduto il 26 ottobre 1944) decora il* Leutnant *Alfred Regeniter della Croce di Ferro di 2ª Classe.*

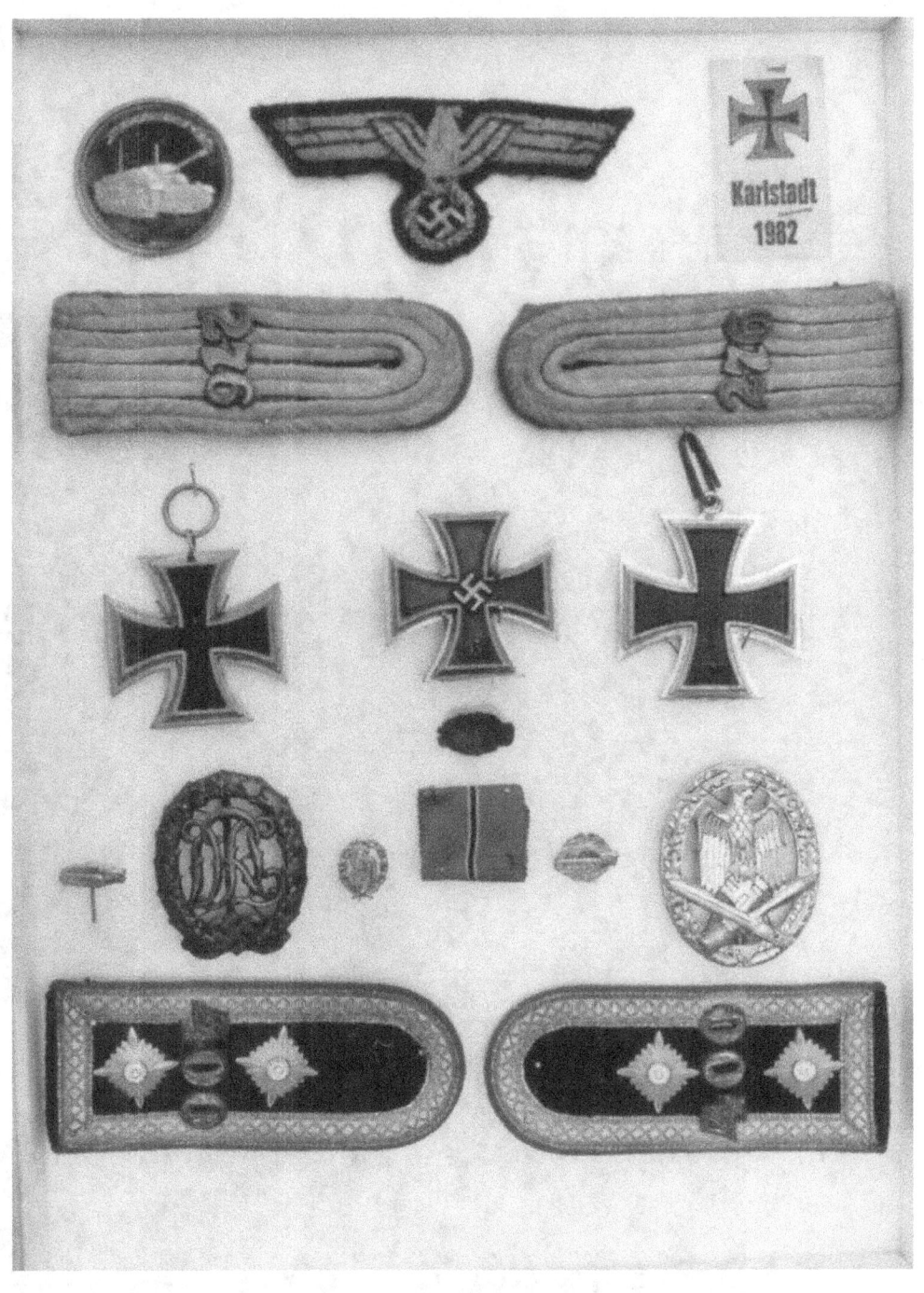

Decorazioni, distintivi, aquila da petto e spalline del Dr. Alfred Regeniter.

Un sorridente Dr. Alfred Regeniter nel 1995.

APPENDICI

LA BATTAGLIA FINALE VICINO DANZICA
– UNA CARICA ALLA USSARA NELLA CASERMA DEGLI USSARI –

Era da molto tempo che il nostro *Abteilung* era rimasto senza cannoni d'assalto. Il treno era in sosta a Heubude, vicino a Danzica, non distante da un ramo della Vistola morta. Gli uomini, che avevano ancora di recente tentato di fermare il nemico nei loro *StuG*, erano ora fanti. In piccoli gruppi, per la maggior parte indipendenti, senza alcuna idea della situazione tattica, andavano per le strade dei sobborghi di Danzica, sempre pronti a sondare dove gli annunciati carri armati russi potessero spuntare fuori. Un compito discutibile.

Sulla strada per Oliva, sulla sinistra, un complesso di caserme. La Caserma degli Ussari (*Husarenkaserne*), un antico edificio in mattoni, vuoto e abbandonato. Solo qualche fante attendeva dal portone principale. Si erano equipaggiati per la difesa ravvicinata. I muri di cinta della caserma sul lato sud, a circa cinque metri dalle stalle, mostravano dei buchi della misura delle testa di un bambino a intervalli di pochi metri. Sicuramente erano stati fatti a mò di feritoia. Davanti, tra il muro di cinta e le stalle, era stata scavata una trincea a zig zag.

Da una collina vicina quattro carri *Stalin* si spinsero lungo una strada incassata avanzando sino alle mura della caserma. Si fermarono formandosi in linea, le canne puntate alla città. Spararono qualche colpo. I motori si riavviarono. Una piccola sezione della nostra 3ª Batteria, al comando dello *Stabswachtmeister* Schwarzbach, assegnata al ruolo di cacciacarri, fu allertata di corsa: "Carri armati dietro le mura della caserma!" Cinque artiglieri d'assalto, *Stabswachtmeister* Schwarzbach, gli *Unteroffizier* Buck e Doss, e gli *Obergefreiter* Warken e Wenk si lanciarono di corsa attraverso la costruzione delle stalle, saltarono nella trincea con i loro *Panzerfaust* e sbirciarono dai buchi nel muro. Lì stavano quattro colossi, così vicini da poterne toccare il treno di rotolamento. I motori rombavano sommessamente. Nere nubi di diesel salivano su per il muro. Del fumo arrivò attraverso i buchi proprio direttamente nelle loro narici.

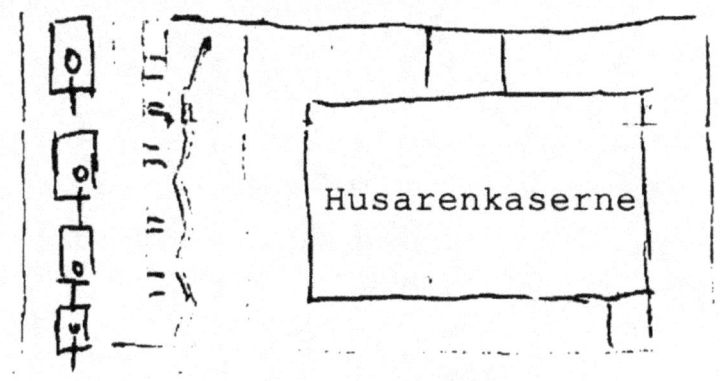

Gli equipaggi non sospettavano che i nostri uomini fossero lì. Un ufficiale aprì il portello, una terrificante visione con il suo elmetto protettivo e le cuffie.

Ora o mai più! Questo fu il nostro pensiero. Lo *Stabswachtmeister* Schwarzbach sussurrò gli ordini. Si suddivisero tra tre di questi giganti, e puntarono i loro *Panzerfaust* attraverso i buchi contro le ruote motrici o di rinvio. Il segnale! Spararono. Una esplosione gigantesca. Pezzi di ferro volarono in aria, e si alzarono dense nubi di fumo nerastro. Tre dei quattro erano stati messi fuori combattimento. Però ora il quarto sapeva da dove era arrivato l'attacco. Si ripararono in un'angolo del cortile della caserma. Poi qualcosa volò verso il cortile. Una piccola mina, tale a una spazzola, probabilmente lanciata da una catapulta, cadde dal cielo e detonò. Nessuno fu colpito. Tutti indovinarono cosa stesse per accadere. La vecchia porta della caserma, sicuramente mai aperta da anni, tremò. Il quarto carro *Stalin* stava aprendosi la strada, con la canna del cannone puntata verso il retro. Se fosse riuscito a sparare sarebbe stato pericoloso. Allora Willi Wenk balzò in avanti, si piazzò davanti al mostro e tirò il suo *Panzerfaust*. Hurra, centrato! È ormai inoffensivo.

Non avendo più *Panzerfaust*, si ritirarono verso il sud della città, senza lo *Stabswachtmeister* Schwarzbach. Si era ustionato sparando il suo *Panzerfaust*. Non aveva tenuto il tubo lanciatore abbastanza alto. La vampa di fuoco era rimbalzata indietro, e la sua uniforme si era incendiata. Quattro carri armati *Stalin* messi fuori combattimento, un ferito.

Willi Wenk era riuscito a sventare un disastro per i suoi uomini grazie al suo coraggio e alla sua prontezza. Non ricevette alcuna onoreficenza per questo. La guerra era nei suoi ultimi spasimi. Ognuno era preoccupato per la sua sopravvivenza. Willi Wenk vive nella memoria dei suoi camerati come un soldato coraggioso. Questa è la sua ricompensa.

Formata il 21 giugno 1943 a Jüterbog (*WK III*) su tre Batterie da quadri della *2./190*.

4 luglio 1943, ancora in addestramento a Jüterbog.

7 settembre 1943, trasferita a sud di Bryansk.

Gennaio-febbraio 1944, combattimenti a Vinnitsa-Korosten.

Aprile 1944, perde tutti i mezzi nella sacca di Kamenets-Podolsk, ma la maggior parte degli uomini si salva.

8 maggio 1944, riequipaggiata nel *Wehrkreis XX*.

1 agosto 1944, trasferita prima in Prussia Orientale, poi in Lituania.

2 settembre 1944, *XXVI Korps, 3. Panzer Armee, Heeresgruppe Mitte*.

2 ottobre 1944, *XXVI Korps, 4. Armee, Heeresgruppe Mitte*.

27 gennaio 1945, La *3. Batterie* riceve 8 *Jagdpanzer IV*.

29 gennaio 1945, *XXXXVI Panzer Korps, 2. Armee,* Prussia Orientale.

8 marzo 1945, *XXXXVI Panzer Korps, 2. Armee,* Prussia Orientale.

26 marzo 1945, gli equipaggi della *3. Batterie*, senza più *StuG*, vengono armati di *Panzerfaust* e *Sturmgewehr StG 44* e formano delle *Panzer-Vernichtungs-Trupp*, entrando in azione nei duri combattimenti difensivi a Danzica, distruggendo quattro *JS-2 Stalin* il 27 marzo a Danzica-Langfuhr.

Aprile 1945, anche il resto della *Brigade* combatte con qualche successo come fanteria anticarro nei settori di Landau, Scharfenberg e Gottsfalde.

9 maggio 1945, resa dei superstiti dell'unità a Schiewenhorst, prigionia sovietica.

21 giugno 1943 – Settembre 1943 *Hauptmann* Rünger (Caduto)
Settembre 1943 – Dicembre 1943 *Hauptmann* Schulte
Dicembre 1943 – 21 Agosto 1944 *Major* Norbert Braun (Caduto)
Agosto 1944 – Gennaio 1945 *Hauptmann* Axel Sewera
Febbraio 1945 – Fine guerra *Hauptmann* Friedrich Stück

E 500 (Burg, *WK XI*); *600* (Deutsch-Eylau, *WK XX*, dal 5 agosto 1944); *500* (Warthelager, *WK XXI*, dal primo settembre 1944)

Stabs-Batterie	1/Stu.Gesch.Bde. 276	2/Stu.Gesch.Bde. 276	3/Stu.Gesch.Bde. 276

OBERLEUTNANT REINHOLD KARL ERTEL
Decorato della *Ritterkreuz* il 15 febbraio 1944 nella *StuG-Brigade 276* per le sue 27 vittorie contro corazzati avversari. Caduto il 22 gennaio 1945.

LEUTNANT KURT NIPPES
Decorato della *Ritterkreuz* il 15 febbraio 1944 nella *StuG-Brigade 276* per le sue 17 vittorie contro corazzati nemici. Caduto il 10 dicembre 1943 a nord-ovest di Kiev.

LEUTNANT DER RESERVE ALFRED REGENITER
Decorato della *Ritterkreuz* il 5 aprile 1945 nella *StuG-Brigade 276* per le sue 17 vittorie contro corazzati nemici. Il primo febbraio 1945 la *Batterie* comandata dal *Leutnant* Regeniter appoggiava l'attacco di elementi del *Grenadier-Regiment 448* e del *Fallschirm-Flak-Abteilung II* contro Belino e Katsau. I due villaggi venivano riconquistati, e gli *StuG* comandati da Regeniter distruggevano, senza subire perdite, 3 *SU-85*, 1 *T-34* e 1 *JS-2 Stalin*, oltre a due controcarro.
Per questo successo e per le sue vittorie personali, tra le quali quattro contro *JS-2 Stalin*, distrutti tra i 200 e 400 metri di distanza, Regeniter fu insignito della *Ritterkreuz*… che gli fu però consegnata solo nel 1974!

Erdweg, Anton, *Oberleutnant,*
2. StuG Brig. 276 il 22.03.1945
Eisernes Kreuz 1. Klasse il 22.08.1944
Eisernes Kreuz 2. Klasse il 07.10.1943

Glaumann, Heinrich, *Oberwachtmeister,*
1. / StuG Abt. 276 il 30.11.1944
Eisernes Kreuz 1. Klasse il 30.04.1942
Eisernes Kreuz 2. Klasse il 08.12.1941

Koch, Alfred, *Oberwachtmeister,*
1. / StuG Brig. 276 il 12.09.1944
Eisernes Kreuz 1. Klasse il 26.09.1943

Sausel, Adolf, *Oberwachtmeister,*
2. / StuG Abt. 276 il 17.12.1943
Eisernes Kreuz 1. Klasse
Eisernes Kreuz 2. Klasse

Sewera, Axel, *Hauptmann,*
StuG Brig. 276 il 22.09.1944
Eisernes Kreuz 1. Klasse il 29.06.1940
Eisernes Kreuz 2. Klasse il 25.09.1939

Stuck, Friedrich, *Hauptmann*
StuG Brig. 276 il 30.11.1944

Taschka Emil, *Wachtmeister*
StuG Brig. 276 il 6.1.1945

Secondo le disposizioni (*Heeres Dienstvorschriften*) relative all'impiego delle *Sturmartillerie-Brigade* emanate dall'*OKH* nel 1945, gli *Sturmgeschütz* erano considerati:

"Pezzi d'artiglieria corazzati il cui impiego è effettuato in prima linea in modo da dare supporto all'attacco di fanteria controbattendo il fuoco delle armi avversarie. Il mezzo è dotato di cingoli, capace di muoversi fuoristrada e armato di cannone o di obice. Attraverso una combinazione di potenza di fuoco, mobilità, protezione e prontezza operativa, sia appoggiando un attacco (Angriff) sia formando la punta avanzata di un contrattacco (Gegenangriff), i cannoni d'assalto sono il mezzo decisivo tramite il quale un comandante può controllare le variabili circostanze di un combattimento, riuscendo a formare velocemente un punto di massimo sforzo (Schwerpunkt), rinforzando un fianco debole del proprio schieramento oppure aggiungendo potere offensivo a un contrattacco.
L'organizzazione basilare è quella dell'Artiglieria campale e quando usati come artiglieria in prima linea, i cannoni d'assalto badano a fornire il massimo supporto durante quei periodi di crisi che avvengono durante un attacco.
In quei casi dove l'artiglieria non riesce a dare supporto alla fanteria in prima linea i cannoni d'assalto possono, temporaneamente, essere usati per tale ruolo.
I cannoni d'assalto hanno un decisivo effetto quando sono formati in un gruppo compatto e utilizzati allo Schwerpunkt.
Quest'effetto è ridotto o minimizzato se l'unità è divisa."

Le disposizioni affermavano che le *Sturmgeschütz-Brigade* dovevano essere assegnate di preferenza a *Infanterie-* o *Panzergrenadiere-Division*, e secondariamente alle *Panzer-Division*.
Anche se le *Sturmgeschütz-Brigade* erano a disposizione del comandante superiore dell'Artiglieria (*Arko*) il regolamento stabiliva che la Brigata doveva essere agli ordini dell'Ufficiale comandante l'unità che doveva essere appoggiata, generalmente un Reggimento o unità superiore.
In realtà, i comandanti di un'unità di cannoni d'assalto avevano maggiore esperienza di operazioni combinate corazzati/fanteria che non gli ufficiali della *Infanterie* dai quali dovevano ricevere ordini.
Così molto spesso gli Ufficiali della *Sturmartillerie* consigliavano i loro superiori in grado della fanteria sulle tattiche da seguire e talvolta anche sulla conduzione della battaglia.
L'alto livello di collaborazione esistente tra i comandanti degli *StuG* e quelli delle unità da loro appoggiate è un'ulteriore conferma della grande flessibilità del sistema militare tedesco, considerando che questo genere di consigli non soltanto venivano accettati, ma spesso richiesti espressamente dai comandanti di fanteria.

Continua enfasi era posta sull'impiego della Brigata come un'unità completa con una singola missione, anche se era considerato che circostanze tattiche o il terreno potevano impedire questo prerequisito.

In queste circostanze l'unità minore da utilizzare doveva essere la *Batterie*, e solo circostanze eccezionali potevano portare a suddivisioni in unità più piccole, tenendo conto di eventualità come il combattimento urbano o in foreste.

Invece era assolutamente proibito l'utilizzo di un singolo *StuG* in operazioni offensive, visto che l'esperienza aveva portato a considerare come un secondo mezzo fosse utile non solo in combattimento, ma anche per trainare l'altro *StuG* in caso di danni, avarie meccaniche o terreno difficile.

Quest'ultima istruzione non poté essere rispettata nelle fasi finali della guerra, quando singoli *Sturmgeschütz* erano responsabili di ampi settori di fronte, costituendo punti d'appoggio per le deboli unità di fanteria tedesche in difesa (*Verteidigung* o *Abwher*) o durante le operazioni di ripiegamento (*Abbrechen des Gefechts*) e azioni ritardatrici (*Hinhaltender Gefecht* o *Widerstand*).

Venendo all'impiego in combattimento (*Gefecht*), secondo il manuale il fuoco doveva essere aperto a veicolo fermo, ingaggiando velocemente e con precisione il bersaglio.

Questo solitamente avveniva quando la fanteria avanzava, secondo il principio di fuoco e movimento (*Feuer und Bewegung*).

In fuoco diretto si potevano avere buoni risultati intorno ai 2.000 metri, anche se era preferibile attaccare bersagli posti a 1.000 metri.

Il cannone da *7.5cm StuK 40 L/43* e *L/48*, con la sua alta velocità iniziale, traiettoria tesa, precisione e potere perforante, capace di sparare diversi tipi di munizionamento, poteva ingaggiare bersagli come fortificazioni campali, armi pesanti e posti d'osservazione con le granate ad alto esplosivo *Spr.Gr. 34*, mentre i corazzati avversari erano ingaggiati con il munizionamento perforante (*Pz.Gr. 39* e *Pz.Gr. 40*).

La granata a carica cava *Gr. 38 HL* (*Hohlladung*) poteva essere usata tanto contro i mezzi corazzati quanto contro bersagli non protetti, ma la sua mediocre precisione ne limitava alle brevi distanze l'uso nel tiro anticarro.

Gli *StuG III* portavano 44-54 colpi nelle riservette all'interno del mezzo; durante operazioni estese questo carico poteva essere insufficiente e gli equipaggi veterani arrivavano a stivare anche più di 80 colpi rimuovendo le riservette e stivando le munizioni direttamente sul pavimento del vano di combattimento del mezzo.

Evidentemente questi accorgimenti, proibiti peraltro dai regolamenti, aumentavano sia l'usura del motore e della trasmissione, dato l'aumento di peso e variazione del baricentro, sia la vulnerabilità del mezzo.

L'armamento secondario degli *StuG* era descritto dalle *Dienstvorschriften* come ideale, vista la precisione e l'alta cadenza di tiro delle *MG 34* e *MG 42*, per ingaggiare tutti i bersagli non protetti, come i fanti e i serventi delle armi pesanti nemiche.

Le *MG* erano particolarmente efficaci contro i reparti di fanteria nemica, ma di poco effetto contro bersagli trincerati o in posizioni protette.

Il nemico andava ingaggiato con raffiche brevi (*Feuerstösse*) mentre una continua successione di raffiche ben mirate massimizzava l'effetto sul bersaglio.

L'obice da 10.5 cm degli *Sturmhaubitze 42* era considerato particolarmente efficace contro truppe allo scoperto o in fortificazioni campali, veicoli leggeri e colonne in marcia, mentre i proiettili a carica cava potevano essere usati per la difesa anticarro a corto raggio o contro posizioni protette.

Il manuale prescriveva che in caso di attacco nemico con corazzati e fanteria era compito degli *Sturmgeschütz* attaccare i carri armati avversari, mentre la fanteria sarebbe stata ingaggiata dai 10.5 cm degli *Sturmhaubitze*, con lo scopo di separare questa ultima dai suoi corazzati, lasciandoli senza supporto.

Una tattica non ufficiale per ingaggiare la fanteria nemica in posizione dietro un crinale consisteva nello sparare la normale granata ad alto esplosivo due metri davanti al bersaglio: in questo modo il proiettile tendeva a rimbalzare, e la spoletta, già armata e innescata dall'impatto, comandava l'esplosione del proiettile in aria dietro l'ostacolo, massimizzandone l'effetto contro bersagli non protetti.

Nell'impiego controcarro veniva posta molta cura nell'addestrare il cannoniere ad inquadrare e colpire il bersaglio nel più breve tempo possibile, usufruendo appieno delle ottime ottiche a 5 ingrandimenti (superiori a quelle in uso per il puntamento dei cannoni di molti *Panzer*, in relazione al numero di ingrandimenti), e a combattere in stretto coordinamento con gli altri cannoni d'assalto.

Spesso uno *StuG* era designato come osservatore per uno o più *StuG*, in modo da poterne correggere il tiro senza essere disturbato dalla vampa e dal fumo del proprio pezzo, oppure due *StuG* si alternavano nel tirare e osservare.

Il Capopezzo era addestrato ad esplorare il terreno a piedi se le circostanze lo permettevano, osservando le vie d'avanzata migliori, memorizzando posizioni di tiro favorevoli all'impiego delle proprie armi e cercando di cogliere segni della presenza del nemico.

Il colore grigioverde dell'uniforme della *Sturmartillerie* era stato concepito proprio per permettere ai membri dell'equipaggio degli *StuG* di mimetizzarsi con l'ambiente, cosa molto difficile per gli uomini della *Panzerwaffe*, con le loro divise in panno nero.

Se il contrasto dei corazzati avversari era certamente uno degli aspetti più importanti di molte operazioni, i primi regolamenti d'impiego degli *StuG* stabilivano come i cannoni d'assalto non andassero usati da soli come mezzi anticarro, enfatizzando come gli *StuG* potevano conseguire il successo solo in collaborazione con i *Panzer* o la fanteria.

I brillanti successi degli *StuG* contro i corazzati avversari dimostrarono invece il contrario, e le unità di fanteria contavano molto sulla loro presenza in ogni operazione, mentre negli ultimi mesi di guerra gli *StuG* erano spesso impiegati senza il supporto della fanteria in operazioni difensive e offensive.

Come per le unità *Panzer*, la sorpresa, la rapidità e l'impeto erano decisive nella conduzione dell'attacco.

Per queste ragioni i movimenti d'avvicinamento verso il fronte o la zona d'assembramento per una data operazione erano fatti di notte, se necessario nascondendo i rumori provocati dai motori e dai cingoli dei semoventi tramite spostamenti di mezzi in altri settori del fronte o con il tiro di disturbo della propria artiglieria.

Solitamente l'Artiglieria d'assalto non doveva essere utilizzata al posto dell'Artiglieria campale o dei reparti di armi pesanti della fanteria, e neppure essere impiegata in combattimenti notturni.

Da regolamento la fanteria appoggiata dagli *StuG* procedeva a piedi a breve distanza dai cannoni d'assalto durante le marce d'avvicinamento alla zona di combattimento; nella pratica i cannoni d'assalto erano spesso utilizzati come portatruppe, trasportando la fanteria che smontava nell'imminenza del contatto con il nemico.

La fanteria portata sugli *StuG* d'altra parte segnalava utilmente all'equipaggio del corazzato campi minati, aerei nemici o semplicemente le condizioni del terreno davanti al mezzo.

Le disposizioni non mancavano di avvertire i comandanti di *StuG* della necessità di segnalare alla fanteria che durante la battaglia essi si sarebbero ritirati per rifornirsi di carburante e munizioni; per mantenere il morale dei *Landser* e per renderli sicuri del fatto che i mezzi non li stavano abbandonando il comandante degli *StuG* doveva assicurarsi che non tutti i cannoni d'assalto si ritirassero contemporaneamente per rifornirsi, e se possibile fossero più i mezzi in linea che non quelli in rifornimento.

Un altro espediente per mantenere il morale nel corso di un'operazione prolungata era quello di far appoggiare un dato distaccamento di fanteria allo stesso semovente.

Quando questo non era possibile gli *StuG* dovevano perlomeno essere assegnati alla stessa unità di fanteria.

Durante l'attacco di fanteria i cannoni d'assalto si ponevano o in linea o appena dietro la truppa avanzante, ingaggiando i centri di fuoco e le armi pesanti avversarie, spostandosi in avanti per sezioni e seguendo la progressione della fanteria.

Quindi, nel momento dell'assalto finale delle proprie truppe, gli *Sturmgeschütz* assumevano una formazione aperta a cuneo (*Keil*) o cuneo invertito (*Breitkeil*) distanziati tra loro di 25-50 metri e si portavano in avanti ad una velocità di 25 km/h, serrando le distanze con il nemico.

Alla fanteria era imposto di non cercare protezione dietro gli *StuG* in movimento o stazionari, visto che gravi perdite potevano essere subite dai fanti se gli *StuG* fossero stati inquadrati dall'artiglieria avversaria.

Durante l'avanzata gli *StuG* potevano anche precedere la fanteria, eliminando gli ostacoli all'avanzata della stessa, ma in condizioni di scarsa visibilità o terreno sfavorevole, come foreste o campi coltivati, era la fanteria a muoversi davanti ai semoventi per impedire eventuali attacchi ravvicinati del nemico.

Nelle operazioni combinate tra *Panzer* e *Sturmgeschütz* gli Ufficiali della *Panzertruppe* rimarcavano positivamente i punti di forza degli *StuG*, come la loro buona corazzatura e bassa sagoma, indicando però come non fosse possibile per i semoventi mantenere un dato asse di avanzata e contemporaneamente puntare il proprio armamento principale in un'altra direzione, fattore che tendeva a rallentare una rapida avanzata di unità miste di *StuG* e *Panzer*, come nel caso dei *Panzer-Abteilung* organizzati su *Panzer-Kompanie* e *StuG-Kompanie*.

Similmente i comandanti di unità *Panzer* in Normandia riferivano come il maggior vantaggio degli *StuG*, la ridotta altezza, venisse a loro svantaggio nel *Bocage*, visto che i *Panzer* potevano puntare i loro cannoni appena al di sopra dei muretti a secco e delle fitte siepi normanne, rimanendo in posizione nascosta, mentre gli *StuG* dovevano lasciare parzialmente la loro copertura per avere campo di tiro.

Anche in Italia gli *StuG* erano talvolta in svantaggio rispetto ai *Panzer* nell'ingaggiare bersagli, specialmente sui lati, se i cannoni d'assalto erano posti in terreno montuoso o strade incassate, mentre in Russia la neve alta talvolta ostacolava l'impiego dell'armamento principale degli *StuG*.

Invece anche se la neve raggiungeva in altezza lo scafo dei *Panzer*, l'armamento in torretta, più in alto, era libero di ingaggiare il nemico.

A proposito delle unità miste *Panzer-StuG* pare opportuno citare quanto scriveva l'*Hauptmann* Markowsky, *III./Panzer-Regiment 24, 24. Panzer-Division*, in un rapporto del 4 novembre 1943, dopo le azioni della Divisione a Kriwoi-Rog:

"*L'*Abteilung *consisteva in 2* Pz.Kf.Wg.IV-Schwadronen *e 2* Sturmgeschütz-Schwadronen, *ognuno con 22 mezzi, mentre lo* Stab *aveva in dotazione solo 2* Panzerbefehlswagen (5cm Kw.K. lang). (…)

L'integrazione di StuG *e* Panzer *ha provato la sua utilità.*

Gli StuG *sono stati usati quasi come* Panzer, *senza particolare protezione dai possibili attacchi ravvicinati della fanteria avversaria, d'altro canto essa, in questo settore, non cercava di attaccare i nostri mezzi.*

A volte uno Sturmgeschütz-Schwadron *era distaccato per un altro incarico, ma il* III.Abteilung *era spesso impiegato in massa, per noi il modo migliore di essere impiegati.*

L'Abteilung ha adesso 9 giorni di pesanti combattimenti dietro di se.

Durante questo periodo ha distrutto 184 carri armati avversari, 87 cannoni anticarro e 26 cannoni campali con solo 4 perdite totali da parte nostra.

I carri nemici erano quasi tutti T-34 con qualche cannone d'assalto da 15 cm.

La superiorità sui carri armati russi non risiede tanto nell'equipaggiamento, ma principalmente nell'addestramento degli equipaggi e nel comando all'interno degli Schwadronen, *e secondariamente nell'impiego concentrato dell'*Abteilung*".*

Maggiormente critico il commento dell'*Oberstleutnant* comandante il *Panzer-Regiment 36*, nelle sue osservazioni sull'impiego degli *StuG* all'interno di un *Panzer-Abteilung*, scritte il 7 dicembre 1943:

"*Il* III./Panzer-Abteilung 36, *impiegato sul fronte dell'Est, era organizzato come segue: 2* Kompanien *e un* Aufklärungs-Zug *con 49* Pz.Kf.Wg. IV lang *e 2* Kompanien *con 44* Sturmgeschütz. (…)

L'impiego degli Sturmgeschütz *all'interno del* Panzer-Abteilung *e insieme ai* Panzer-Grenadiere *è avvenuto in 4 differenti scenari di combattimento:*

1. *nella prima ondata di un attacco.*
2. *assegnati alla copertura dei fianchi nella seconda ondata.*
3. *in cooperazione con* Panzer-Grenadiere.
4. *in difesa.*

Tutte le quattro possibilità sono state sperimentate durante le 6 settimane in azione, con le seguenti esperienze:

1. L'unico vantaggio dell'impiego di StuG *nella prima ondata di un attacco è che presentano minore bersaglio di un* Pz.Kf.Wg. IV.
Gli svantaggi sono i seguenti: un Panzer *può mantenere una direzione in attacco e usare la torretta girevole per ingaggiare bersagli sui lati.*
Lo StuG *deve sempre ruotare per fronteggiare un avversario. (...)*
Questi movimenti rallentano l'ingaggio dei bersagli nemici e l'avanzata del Panzergruppe.
E' evidentemente difficile (per gli StuG, N.d.A.) *ingaggiare il nemico in terreno fangoso (...)*
Le molte manovre di sterzo sforzano la trasmissione e specialmente i freni.
Su terreno fangoso in qualche caso gli StuG *hanno perso un cingolo.*
Durante attacchi attraverso posizioni tenute da fanteria nemica, solitamente dotata di grandi numeri di fuciloni controcarro, si è fatta sentire negativamente la mancanza di una mitragliatrice sotto corazzatura.
La scudatura per la mitragliatrice montata sulla sovrastruttura dello StuG *non dà protezione dal tiro dei fuciloni controcarro dal davanti o dal fuoco d'armi leggere dai lati.*
2. Meglio è impiegare lo StuG *nella seconda ondata o a copertura dei fianchi dell'avanzata (...) ma anche in questo caso lo* StuG *ha più difficoltà di un* Pz.Kf.Wg. IV *a ingaggiare carri armati nemici attaccanti da diverse direzioni.*
3. L'impiego degli StuG *in cooperazione con i* Panzer-Grenadiere *ha ottenuto i risultati migliori.*
Gli StuG *danno ai* Panzer-Grenadiere *un forte supporto morale, specie durante un attacco di corazzati nemici.*
Attaccando con i Panzer-Grenadiere *gli* StuG *possono ingaggiare le armi pesanti del nemico, quali cannoni anticarro, carri armati, pezzi d'artiglieria e mitragliatrici pesanti, mentre la fanteria nemica e i fuciloni controcarro possono essere tenuti a distanza dagli* StuG *dai* Panzer-Grenadiere.
4. Gli StuG *hanno provato di essere molto validi in difesa. Come difesa mobile anticarro gli* StuG *possono ingaggiare il nemico da posizioni predeterminate dietro la* HKL. *Molto utile è l'osservazione delle posizioni di fuoco a piedi prima dell'azione".*

Osserviamo che gli scenari di combattimento dei punti 3 e 4 del rapporto precedente, scenari dove è messa in risalto l'efficacia degli *StuG*, non a caso sono quelli dove gli *Sturmgeschütz* sono utilizzati secondo le linee guida delle tattiche della *Sturmartillerie* (particolarmente il punto 3).

Per assicurare la difesa degli *StuG* dagli attacchi ravvicinati della fanteria nemica e dalle armi anticarro a corto raggio, ogni Brigata fu dotata di una scorta permanente di *Panzergrenadiere*.

I 198 uomini della *Grenadier-Begleit-Batterie* erano suddivisi su di un Plotone per ogni Batteria, quindi una Sezione per ogni Plotone di *StuG* e infine i *Gruppe* di *Grenadiere* erano assegnati agli *StuG*.

Il compito principale dei *Grenadiere* era di garantire la sicurezza del veicolo in azione, e di proteggerlo in caso di avaria o durante soste in zone non sicure.

Il regolamento spiegava inoltre che i comandanti di fanteria non dovevano considerare la *Grenadier-Begleit-Batterie* come un'unità d'assalto da utilizzare indipendentemente dagli *Sturmgeschütz*, e quando gli *StuG* erano ritirati dalla prima linea anche i *Grenadiere* di scorta erano ritirati.

Nel capitolo delle *Dienstvorschriften* dedicato alla collaborazione con le altre armi era sottolineata l'assoluta necessità del più stretto collegamento e scambio di informazioni.

Per mantenere la collaborazione richiesta all'interno dell'unità di *StuG* e nelle operazioni combinate esisteva un'estesa rete di comunicazioni, via radio, telefono e portaordini.

Le comunicazioni radio potevano essere intercettate dal nemico, quindi si doveva usare la radio solo se il messaggio non poteva essere comunicato in altra maniera, se l'ordine poteva essere immediatamente messo in pratica oppure, chiaramente, se si era in azione.

Ogni *StuG* era dotato di una ricevente ad onde ultra corte *FuG 15 EU* e una trasmittente/ricevente da 10 Watt *FuG 16 SE 10 U* (23,1-25,0 Mhz), mentre la rete delle trasmittenti/riceventi dei veicoli Comando riguardava lo *Stab* dell'unità e delle *Batterie* e gli Ufficiali di collegamento.

Trasmissioni telefoniche e radio erano poi usate per comunicare con i posti di Comando dei Plotoni della *Grenadier-Begleit-Batterie*, inoltre il tiro di traccianti, segnali preordinati con pistole lanciarazzi, segnali delle mani e ordini verbali potevano essere usati per dare ordini o indicare direzioni.

I collegamenti con la *Luftwaffe* erano mantenuti da un Ufficiale d'Aviazione, il *Fliegerverbindungsoffiziere (Flivo)*, nello *Stab* dell'unità di *StuG*, collegato con gli aerei di supporto all'attacco tramite una radio da 20 Watt *FuG 7 SE 20 U* (42,1-57,8 Mhz).

Le proprie posizioni erano indicate alla propria aviazione con pannelli colorati, bandiere, fumogeni e razzi da segnalazione, mentre le postazioni nemiche erano indicate ai propri aerei d'attacco al suolo con il tiro di munizioni traccianti.

Per ultimo segnaliamo quale fosse, secondo le tabelle di rifornimento (*Munitionsaustattung*) del 1944, la dotazione di munizioni assegnata ad un singolo *StuG*, e ritenuta sufficiente per fino a 10 giorni d'operazione in un periodo di combattimenti difensivi senza decisive offensive nemiche: essa corrisponde teoricamente a 255 proiettili da 7.5 cm consegnati all'unità e altri 255 in riserva, e di 1.350 colpi da 7.92 mm per le *MG* di bordo consegnati all'unità e 1.185 in riserva.

| Stoff-gliederung 21 | **Geheime Kommandosache!** Stu.Gesch. III (L/24)(7,5cm) | Blatt G 340 I |

Dringl.-St.: **SS**   **Technische Daten:** (Sd.Kfz.142/1)

Gesamtgewicht des Fahrzeuges (Gefechtsgewicht)   ~23,9 t

Motor **HL 120 TRM**   **265** PS
Spez. Leistung   ~ 11,1 PS/t
Höchstgeschwindigkeit   **40** km/Std.

Mitgeführte Kraftstoffmenge **310** l (einschl. Reservetank)
Fahrbereich mit einer Kraftstoff-Füllung:
        Straße   ~ **155** km; mittl. Gelände   ~ **95** km

Grabenüberschreitfähigkeit   **2,30** m,   Klettervermögen   **0,6 m**
Watfähigkeit   **0,80 m** ,   **Steigvermögen   30°**
Besatzung   **4 Mann**   **Spez. Bodendruck   1,04 kg/cm²**
                                            Bodenfreiheit   0,39 m

Länge   **6,77** m, Breite   **2,95** m
Höhe mit Aufbau   **2,16** m   **3,330 m m. Ostkette**
Feuerhöhe   1,57 m   3,410 m m. Schürzen
Bordmunition   ~ **54 Schuß 7,5 cm, 600 Schuß M.G. 384 Schuß M.P.**

Bestückung: a) **Bugwaffe**   **1-7,5cm Sturmkanone 40 L/24   erste 119 Ger., dann L/48**
                    b) **Bordwaffen   1 M.G. 42 , 2 M.P. normale Ausstattung**
                                            1 Front M.G. 34 bzw. Rundum M.G. 34 (neuerdings)
Abfeuerung   **elektr.**
Optisches Gerät: a)   **Rbf. 36 u. Sfl. ZF 1a**
                        b)   **Scherenfernrohr 14 Z f. Sfl, bei Ausf. G-7 Winkelspiegel**
                        c)

Funkgerät (normale Ausstattung)   **Fu 15 u. Fu 16 Bordsprechanlage**
Panzerung: Front **50+30 mm (Bug) u. 75** Seite Heck **30 mm/79°/50°, Schürzen 5 mm**
                    Boden 15 mm/0°   Decke 10 u. 25 mm/0°

					Ni	Kautschuk (Reifenusw.)			
Kette **93** Glieder, Kettengewicht **700** kg **Ostkette 1350**						**125**			

Rohstoffbedarf (fg. Pz.Kpfw.III) f. 1 Stck. i. kg	Fe	Mo	Cr	W	Mg	Sn	Cu	Al	Pb	Zn
	35000				–	1,3	86,2	230	93	40

Preis *RM* **82 500.-**	Durchschn. Fertigungszeit Monate	Arbeitsstunden

Fertigungsfirmen:
   Montage :   Alkett, Bln.-Spandau; Miag, Braunschweig
   Fahgestell: Alkett, Falkensee b. Berlin. Miag, Braunschweig
   Panzerung: Brdbg. Eisenwerke, Brandenburg
                        Harkort-Eicken, Hagen. DEW, Hannover;
                        Bismarckhütte, O/S

I GRADI DELLA ARTILLERIE

La denominazione di alcuni gradi della *Artillerie* cambiava quando serviva ad indicare gli stessi gradi riferiti ad altre Armi della *Heer*:

TRUPPA

Kanonier – Soldato semplice
Oberkanonier – Soldato scelto
Gefreiter – Soldato facente le veci di Caporale
Obergefreiter – Caporale
Stabsgefreiter – Caporalmaggiore anziano

GRADUATI DI TRUPPA

Unteroffizier – Caporalmaggiore facente le veci di Sergente
Unterwachtmeister – Sergente
Fänrich – Alfiere

SOTTUFFICIALI

Wachtmeister – Sergente Maggiore
Oberwachtmeister – Maresciallo
Hauptwachtmeister – *"der Spiess"* –Maresciallo Capo
Stabswachtmeister – Maresciallo Maggiore

I gradi degli Ufficiali della *Artillerie* hanno la stessa denominazione dei corrispondenti della *Heer*, tranne il *General der Artillerie*.

INDICE